TRATADO SOBRE O AMOR

Dr. Fernando Gomes

TRATADO SOBRE O AMOR

COMO A NEUROCIÊNCIA EXPLICA O MAIOR SENTIMENTO DA EXPERIÊNCIA HUMANA E PODE AJUDAR VOCÊ A AMAR E SER AMADO

Planeta

Preparação: Luiza Del Monaco
Revisão: Elisa Nogueira, Clara Diament e Wélida Muniz
Revisão bibliográfica: Erika Hayashi
Revisão de entrevistas: Lula Rodrigues
Revisão técnica: Camila Batista dos Santos Cechi e Mayra Barreto Cinel
Projeto gráfico e diagramação: Gisele Baptista de Oliveira
Capa: Kalany Ballardin | Estúdio Foresti Design

DADOS INTERNACIONAIS DE CATALOGAÇÃO NA PUBLICAÇÃO (CIP)
ANGÉLICA ILACQUA CRB-8/7057

Gomes, Fernando
Tratado sobre o amor/ Fernando Gomes. – São Paulo : Planeta do Brasil, 2025.
208 p.: il.

Bibliografia
ISBN 978-85-422-3811-2

1. Neurociência 2. Relações humanas 3. Amor I. Título

25-3636 CDD 612.8

Índice para catálogo sistemático:
1. Neurociência

MISTO
Papel | Apoiando o manejo florestal responsável
FSC® C019498
FSC www.fsc.org

Ao escolher este livro, você está apoiando o manejo responsável das florestas do mundo

2025
Todos os direitos desta edição reservados à
Editora Planeta do Brasil Ltda.
Rua Bela Cintra, 986, 4º andar – Consolação
São Paulo – SP – 01415-002
www.planetadelivros.com.br
faleconosco@editoraplaneta.com.br

PARA MINHA LARISSA,
COM TODO O MEU AMOR.

9 Prefácio, por Mara Gabrilli

13 Apresentação à nova edição

17 Introdução

25 Antes de mais nada: como o cérebro funciona?

CAPÍTULO 1
29 O instinto de amar

CAPÍTULO 2
43 Mais que emoção, o amor é motivação

CAPÍTULO 3
53 Flerte, contato visual e sedução

CAPÍTULO 4
65 O charme e o encantamento da primeira conversa

CAPÍTULO 5
75 Neuroquímica da paixão

CAPÍTULO 6
95 **Ciúmes**

CAPÍTULO 7
109 **Monogamia e traição**

CAPÍTULO 8
119 **Gerenciamento de lucros e conflitos**

CAPÍTULO 9
127 **Sincronia cerebral e amor eterno**

CAPÍTULO 10
139 **Mudança de plano e separação**

CAPÍTULO 11
153 **O que diz a ciência e os novos dados sobre o amor e as relações atuais**

193 **Conclusão**

195 **Agradecimentos**

197 **Referências bibliográficas**

PREFÁCIO

Entender o amor é para curiosos e ousados

Escrever sobre o *Tratado sobre o amor,* livro do meu amigo e médico brilhante, dr. Fernando Gomes, é um exercício que me instiga e traz à tona memórias para lá de curiosas – a começar pelo dia que quebrei o pescoço e passei a encarar o amor de novas formas.

Aos 26 anos, quando perdi os movimentos de braços e pernas, uma das minhas maiores preocupações, diria até que inesperada para muita gente, era a de não poder fazer mais sexo.

A verdade é que não voltar a ter prazer é um assunto que aflige muita gente – não é exclusividade de quem se depara com uma deficiência. Mas a boa notícia, e convite aos curiosos e ousados, é que temos um aliado importante nessa busca: o cérebro, objeto de exploração desta obra de leitura deliciosa.

Falamos de um órgão (o mais poderoso) do nosso sistema nervoso central, capaz de encontrar conexões fascinantes e capazes de nos proporcionar prazer independente de condições físicas. E eu descobri isso bem cedo, ainda no hospital, com meu namorado à época do acidente.

Alcançar o orgasmo após o diagnóstico de uma tetraplegia foi libertador e saudável, mas vale dizer que essas conexões incríveis não acontecem apenas no sexo, mas também para tudo o que a gente se propõe a fazer quando encara a vida de coração e mente abertos.

Graças ao nosso sagrado sistema límbico, que passei a entender melhor quando estudei Psicologia, e com o qual você vai se deparar também neste livro, com explicações didáticas simples e muito interessantes, nenhuma condição física do ser humano é capaz de apagar nossas emoções.

Basta pensar em uma pessoa com Alzheimer, por exemplo, que aos poucos vai perdendo memórias e funções cognitivas. Ela pode não mais verbalizar o nome do próprio filho, tampouco recordar, mas o vínculo emocional, construído ao longo da vida e estimulado por acolhimento da família não se rompe. É o cérebro, dentro de todas as suas possibilidades e limitações, resguardando o sentimento mais genuíno, orgânico e complexo da humanidade.

Em *Tratado sobre o amor*, você fica sabendo mais do modo como esse intricado e magnífico símbolo de vida se comporta diante de situações e condições variadas, como no momento do flerte ou numa crise de ciúmes. Tudo isso de uma forma leve e embasada na ciência, uma das paixões escancaradas do dr. Fernando.

Como já dito por esse meu amigo e autor do livro que você tem em mãos, a palavra "amor" é usada para muitos fins e reflete a complexidade das emoções humanas.

Mas se tem algo muito claro, e que para mim é norte de vida, é a possibilidade de o amor se reinventar.

Eu perdi movimentos do pescoço para baixo e desde então nunca mais parei de me mexer. Isso porque o amor, combustível que rege meu trabalho em toda e qualquer área em que atuo, é soberano. É o meu gás de todo dia para levantar e lutar. E eu espero que seja o seu também, leitor. Aliás, fica aí minha "neurodica" no estilo dr. Fernando: aprenda sobre o amor e use-o de forma livre e sem contraindicação.

Seja na monogamia, no poliamor, na amizade, nos relacionamentos íntimos, use e abuse desse sentimento que sempre será objeto de estudo pelo mundo afora. Porque amor não cai em desuso e nada como entender como ele se comporta dentro dessa máquina envolvente que é o nosso cérebro.

Aventure-se e boa leitura.

SENADORA MARA GABRILLI

APRESENTAÇÃO À NOVA EDIÇÃO

Este livro é um convite para você mergulhar e se aventurar em todas as camadas mais profundas do amor. Das mais doces às mais amargas, afinal, seja como for, o amor ainda é o assunto mais interessante do mundo.

E é por isso que, além ter escrito este livro, cuja versão inicial ganhou o mundo em 2017, eu resolvi fazer uma revisão dele agora, sete anos depois. Isso porque a ciência não estaciona e é incansável na busca de estudos e temas que tenham o amor como foco principal. Afinal, esse sentimento é o que move o mundo e as relações – bem como a falta dele.

E o que será o amor em suas inúmeras versões e profundidades? É por causa do amor que nos organizamos em sociedade. É por amor que trabalhamos, convivemos com outras pessoas, e é pela falta dele que nos desentendemos. Neste livro, vamos apresentar todos esses recortes.

Acredito que toda forma de amor precisa ser explorada e estudada, e é esta a convocação que tenho a fazer: deixe-se levar pelas próximas páginas para compreender toda a evolução da ciência no sentido de estudar o mais profundo dos sentimentos, ainda tão mutável quando nos debruçamos sobre os desdobramentos das relações.

Mergulhe com o coração cheio de amor e se surpreenda.

Boa leitura!

"L'amore che muove il mondo."

DANTE ALIGHIERI

INTRODUÇÃO

O amor está em muitos lugares.

No campo das artes, o amor sempre foi e é o tema mais abordado. Muitos livros, histórias, músicas, esculturas, peças teatrais, poesias, roupas, obras arquitetônicas e pinturas tiveram o amor como inspiração principal. Isso acontece porque a humanidade, ao reconhecer intuitivamente a importância desse sentimento, sempre se preocupou em expressá-lo, tratando da sua beleza e da sua harmonia ou dos problemas que a sua falta provoca.

Todas as religiões incluem o amor em sua doutrina. Então, independentemente do credo, todos sabemos que para estabelecer uma conexão com Deus é necessário trilhar o caminho do amor. A arte sacra também tem o amor como seu motivo principal.

Esse tema sempre foi tão intrigante que a filosofia helênica, na época da Grécia Antiga, chegou a considerar a paixão causa da infelicidade humana, devendo então ser moderada ou controlada.

Na ciência contemporânea, o amor tem sido estudado principalmente por psicólogos e cientistas sociais. No início do século passado, a maior preocupação foi desvendar o mistério de como manter viva a estrutura do casamento para que a sociedade permanecesse estável. Os focos desses investigadores eram o casamento, a satisfação conjugal e o gerenciamento de conflitos. Entender o amor sob essa perspectiva foi crucial para o progresso do conhecimento que se tem sobre o tema.

O amor é a energia de atração mais sublime e motivadora para a manutenção ou a desagregação do matrimônio. Contato visual, abraços, beijos e observações positivas sobre o parceiro são sinais de afeto positivo muito importantes para que se tenha satisfação no casamento. E, mais do que a existência de conflitos, a ausência de afeto positivo entre o casal se mostrou o fator mais determinante na existência de problemas conjugais.

Durante o século 20, o foco científico migrou da satisfação matrimonial para o amor romântico, voltando-se para outras questões, como o motivo pelo qual as pessoas se apaixonam, como é o processo de escolha de um parceiro específico e de que formas a personalidade e as experiências em relacionamentos anteriores influenciam esse processo. Afinal, o amor é livre, universal e gerador de felicidade, então não pode ser aprisionado. No entanto, ele acaba sendo graça e ao mesmo tempo desgraça quando se quer "controlar" os vínculos nascidos no "até que a morte os separe".

Foi a bandeira da ausência de controle que o movimento hippie defendeu na década de 1960. Na Era de Aquário, o amor livre era o mais importante para a felicidade dos seres humanos, independentemente dos gêneros envolvidos no relacionamento: homem-mulher, homem-homem, mulher-mulher e os mais diversos tipos de relacionamentos múltiplos e simultâneos.

A neurobiologia do amor é um tema interessante dentro da neurociência social. O amor é responsável pela formação de vínculos nas classes dos mamíferos e dos pássaros, conduzindo-os a uma organização em casais. Estudos experimentais com animais monogâmicos e poligâmicos, exames de tomografia por emissão de pósitrons, ressonâncias magnéticas funcionais do encéfalo em humanos, determinação de perfis hormonais específicos e estimulações magnéticas transcranianas são os métodos científicos utilizados nas pesquisas atuais para descobrir como o cérebro funciona quando vivencia o amor.

Mas uma pergunta fica na cabeça: A ciência pode explicar o amor?

Durante um intervalo de um dos inúmeros programas de que já participei ao longo da minha carreira como comunicador, conversei com a cantora Claudia Leitte sobre a importância do amor em sua vida. O ano era 2017, e o programa era o *Encontro*, da TV Globo, na época ainda apresentado pela jornalista Fátima Bernardes.

"Sei que você vai encontrar um monte de explicações científicas para um monte de coisas que acontecem quando a gente ama, mas acho que a gente nunca vai conseguir explicar o amor, porque ele não é algo deste mundo. Em todas as situações pelas quais eu passo, acho que é imprescindível ter amor. Acho que é urgente ter amor", disse a cantora, que acredita que estamos nos esquecendo do quanto é importante estar presentes e atentos em uma relação. "Amor é a necessidade do outro. É saber que você não se basta sozinho."

O ser humano tem capacidade cerebral suficiente para experimentar o amor, a emoção mais nova do ponto de vista evolutivo. Conforme a teoria do cérebro triúnico, elaborada na década de 1970 pelo médico e neurocientista Paul MacLean, o cérebro humano é organizado em camadas que surgiram ao longo da evolução das espécies e que constituem três unidades funcionais.

A camada mais interna é a mais antiga e primitiva, denominada cérebro reptiliano, em alusão à estrutura cerebral mais simples dos répteis, com tronco encefálico e os gânglios de base. É responsável pela sobrevivência e pela defesa do território.

A camada intermediária, mais nova, envolve o cérebro reptiliano e é conhecida como sistema límbico ou cérebro emocional. Ela tem relação com os processos de memorização, olfação e experiência das emoções. E, por fim, há a camada mais recente e superficial, conhecida como neocórtex, que está presente nos mamíferos superiores, sobretudo nos grandes primatas, com destaque ao *Homo sapiens*. Essa última camada nos faz mais poderosos e capazes de sentir o amor e de perceber que ele é bom. Torna possível praticar o altruísmo de maneira consciente e entender a importância deste texto que você está lendo agora.

O principal objetivo do amor é a evolução e a manutenção da vida, pois, na natureza, as espécies de vida coletiva têm mais chances de sobrevivência. Uma das principais características do amor é ser "quente".

É interessante observar que, para auxiliar na homeotermia (manutenção da temperatura constante do corpo), a proximidade entre dois corpos é instintiva quando os indivíduos estão num ambiente frio e inóspito. Para que isso aconteça antes do desespero do frio intenso, um indivíduo precisa aceitar outro dentro do seu espaço territorial individual.

Uma estrutura cerebral profunda, conhecida como hipotálamo, é responsável pelo controle da temperatura do corpo, bem como pelo gerenciamento do sistema nervoso autônomo e das emoções. Essa estrutura cerebral também é importante no controle hormonal, graças à sua íntima relação com as glândulas hipófise e pineal, que ficam dentro do cérebro, além de ser responsável pelo controle do sistema imunológico. Portanto, o hipotálamo é uma parte vital do corpo e uma área de trânsito e execução de informações neuro-hormonais para o amor e para o relacionamento com o meio externo.

No caso dos humanos, a manutenção de um vínculo estável é importante para garantir a segurança ao longo do período de gestação e do crescimento dos filhos. O truque biológico para estimular esse vínculo consiste na ativação do circuito de recompensa cerebral, que provoca e garante prazer no curso desse processo.

Durante a paixão, o período de adolescência do amor, o cérebro funciona de forma diferente. Estudos de ressonância magnética funcional mostraram a ativação de algumas áreas específicas e indicaram que o sistema de recompensa se torna mais ativo, com mais dopamina, neurotransmissor responsável pela sensação de bem-estar e prazer, podendo até mesmo dar origem a um vício. O senso crítico e a capacidade de julgamento, por sua vez, ficam menos ativos.

A atenção focada no parceiro desejado e a diminuição do senso crítico levam a pessoa a ter um comportamento mais livre e a expressar seus sentimentos. É comum fazer coisas que mais tarde, quando a fase da paixão dá lugar ao amor romântico, a pessoa nem acredita que fez.

Além disso, apesar de os níveis maiores de dopamina garantirem um prazer incrível, outro neurotransmissor, a serotonina, segue um caminho diferente. Responsável pela manutenção do humor, ela se mantém em níveis mais baixos na fase da paixão, semelhantemente ao que acontece com pacientes com transtorno obsessivo--compulsivo. Quando o relacionamento não vai tão bem ou o parceiro se distancia, ocorrem alterações emocionais e surgem sintomas de ansiedade pela separação.

Um relacionamento amoroso entre seres humanos pode ser intraespecífico, ou seja, entre duas pessoas, ou parental. Este último ocorre entre pais e filhos, sendo que o amor maternal tem grande destaque pela relação física e biológica existente em todo o processo de gestação, parto e amamentação, etapas que implicam mudanças no corpo, na fisiologia e na ação dos diferentes hormônios que orquestram os eventos ao longo da vida da criança.

A estabilidade do amor maternal e do amor romântico tem relação com um hormônio chamado ocitocina. Essa substância modula o cérebro para permitir que você sinta um amor incondicional, no qual é capaz de dar a sua própria vida por outra pessoa, seja por um filho biológico ou adotivo, seja por um grande amor.

Nos seres humanos, o comportamento de fidelização tem relação com a vasopressina, um hormônio produzido no hipotálamo e liberado pela neuro-hipófise.

Neste livro, o foco reside no romance entre duas pessoas. Estudos de comportamento humano mostraram que um relacionamento amoroso passa por algumas fases previsíveis, caso não sofra ruptura no processo. Primeiro, surge a paixão, que dura em média de seis meses a dois anos. Essa fase, rica de emoções intensas, progressivamente evolui para o amor romântico, quando o bem-estar pode ser usufruído de forma menos estressante. Depois, vem a fase do amor companheiro, que pode durar a vida inteira e contemplar os parceiros com uma expansão mental conquistada com a sincronia entre seus cérebros. Essa simbiose pode ser fundamental como suporte cognitivo e emocional do casal. Uma vida a dois garante um aumento de pelo menos três anos na expectativa de vida de um indivíduo.

Meu propósito é apresentar o estado da arte da neurociência do amor para o público geral e mostrar os caminhos que a ciência tem percorrido para desvendar os mistérios do amor. O objetivo principal é provocar a metacognição, ou seja, entender o processo mental e, a partir de então, estar mais preparado para as fases do amor. Metacognição é muito mais que autoconhecimento. Trata-se da compreensão racional dos processos mentais de determinado comportamento próprio ou de determinada habilidade cerebral. Ela só pode ser alcançada quando se usa atentamente o pensamento racional, livre de preconceitos, independentemente da identidade de gênero e da orientação sexual.

ANTES DE MAIS NADA: COMO O CÉREBRO FUNCIONA?

O cérebro humano pesa, aproximadamente, um quilo e meio, o que corresponde a 2% da massa corporal de uma pessoa de 75 quilos, por exemplo. Apesar de relativamente pequeno, recebe 20% de todo o sangue bombeado pelo coração.

O cérebro é composto por células chamadas neurônios e se divide em várias camadas com funções distintas. Neste livro, vamos citá-las com frequência, mas não se assuste. Basta você imaginar que o cérebro é como uma cebola, repleto de camadas, e que cada uma delas tem uma ou mais funções. Você precisa ter em mente (ou melhor, no córtex cerebral) que tudo que vamos abordar neste livro se passa no cérebro.

O **córtex cerebral** é a camada mais externa do cérebro, responsável pela inteligência, pelo raciocínio lógico e pela habilidade linguística. Também é conhecido como massa cinzenta.

O córtex está presente nos lobos. O **lobo frontal**, "a elite do cérebro", visto ser onde se desenvolve a personalidade do indivíduo, é responsável pelos movimentos voluntários do corpo. Já o córtex **pré-frontal** é responsável pelo pensamento abstrato e pelo planejamento de ações. Na parte de baixo do lobo frontal se localiza o córtex **órbito-frontal**, importante para a tomada de decisões e o julgamento.

O **lobo parietal**, localizado no topo da cabeça, é responsável pelo processamento de informação, pela orientação espacial e pela compreensão da linguagem. O lobo occipital, localizado na nuca, é dedicado à visão. Já os lobos temporais, esquerdo e direito, que ficam junto às têmporas, são responsáveis pela memória.

A **ínsula**, escondida abaixo dos lobos frontal e temporal, faz a ponte entre sensações e emoções.

O **sistema límbico** trabalha com as emoções relativas e involuntárias. Quando você passa por uma situação de muito estresse, é ele que assume o comando.

O **hipotálamo** apresenta múltiplas funções. Além de regular a temperatura do corpo, a fome e a sede, tem um papel importante no gerenciamento das emoções.

O **tálamo** funciona como um sistema de triagem dos estímulos sensoriais, que passam por ele antes de chegarem ao córtex cerebral.

As **amígdalas** são como uma central de segurança do cérebro. Elas identificam possíveis perigos e tomam providências.

O **hipocampo** armazena e gerencia a memória de longa duração.

O **bulbo olfativo** envia as sensações olfativas direto para o córtex, sem passar pelo tálamo.

Os **gânglios de base** são importantes na coordenação e nas atividades motoras.

O **tronco encefálico** é responsável pelas funções vitais, como o funcionamento do sistema respiratório e do coração.

O **cerebelo**, localizado na base do cérebro, é o centro de equilíbrio e coordenação do corpo.

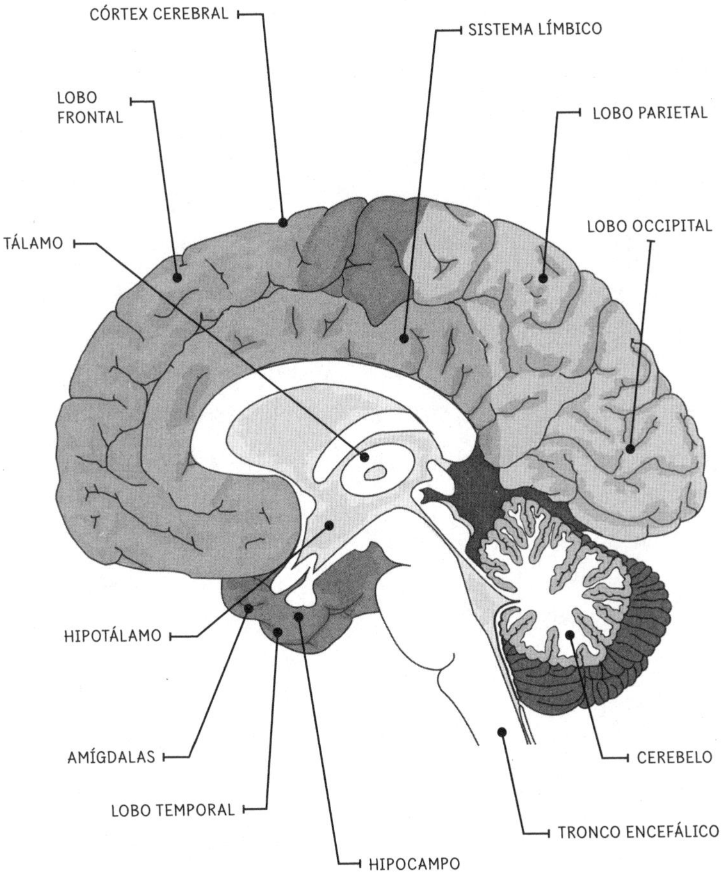

Imagem: Shutterstock

CAPÍTULO 1

O INSTINTO DE AMAR

Na vida intrauterina, durante o desenvolvimento do bebê, o cromossomo Y, caso esteja presente no embrião, induz ao desenvolvimento dos testículos a partir do ovário primitivo. Assim, do ponto de vista biológico, todos os seres humanos são inicialmente do sexo feminino. É apenas numa segunda fase da vida intrauterina que a exposição à testosterona proveniente do próprio testículo do bebê XY leva o cérebro a evoluir com características masculinas.

O cérebro do homem é maior e um pouco mais pesado que o da mulher, visto que o corpo masculino é essencialmente maior. Além disso, o homem tem mais fibras de comunicação intra-hemisféricas, enquanto as mulheres apresentam mais fibras inter-hemisféricas. Em razão disso, o homem tem maior tendência à especialização de tarefas, direcionando mais a atenção a atividades específicas.

Já as mulheres geralmente conseguem se envolver em um número maior de atividades simultâneas, mantendo a atenção em mais de um estímulo ao mesmo tempo e podendo se alternar entre eles sem grandes dificuldades.

No caso dos homens, o funcionamento cerebral é mais assimétrico, ou seja, certas funções neurológicas, como a linguagem, estão predominantemente localizadas no hemisfério esquerdo, e a percepção espacial, por exemplo, está concentrada no hemisfério direito. Nas mulheres, as funções são mais distribuídas entre os dois hemisférios. Essas diferenças não impactam as funções intelectuais globais, mas sim funções específicas.

De acordo com pesquisas, como a da psicóloga Diane F. Halpern,[1] o cérebro feminino também confere maior precisão ao desempenho de tarefas manuais, à fluência verbal, à rapidez no reconhecimento de faces e à cognição social. O cérebro masculino tem melhor desempenho no raciocínio matemático, nas habilidades motoras com alvos e em tarefas que envolvam relações espaciais.

Em 2022, Yehudit Danan e Sarit Ashkenazi publicaram uma pesquisa que examinou a relação entre ansiedade matemática, habilidades espaciais, desempenho em matemática e diferenças de gênero em oitenta e nove estudantes universitários israelenses. Os resultados mostraram que as mulheres apresentavam maiores níveis de ansiedade matemática, enquanto os homens se destacavam em habilidades espaciais e em tarefas numéricas. Além disso, as relações entre habilidades espaciais e desempenho eram mais fortes nos homens, enquanto a autoeficácia matemática se correlacionava melhor com o desempenho nas mulheres. Esses

---

1 Nas Referências Bibliográficas, são apresentados outros estudos relacionados, como artigos que discutem as diferenças entre os sexos em relação ao reconhecimento facial e a outras habilidades sociais, habilidades espaciais e outros domínios cognitivos.

resultados evidenciam discrepâncias significativas entre os sexos, mesmo com desempenhos semelhantes em avaliações curriculares.

Independentemente dessas diferenças, nós sempre nascemos sozinhos. Mesmo gêmeos idênticos, ou até mesmo gêmeos siameses, têm uma experiência única e individual no nascimento. Recordo-me de que, em 2006, participei de uma equipe multidisciplinar para separar duas crianças que haviam nascido unidas pelo crânio. Durante a cirurgia e por todo o período prolongado de internação, uma questão rondou minha cabeça: como é a consciência de indivíduos que compartilham o mesmo cérebro? Nitidamente, as crianças eram únicas, com consciência e experiências individuais.

Somos gerados no ventre de uma mulher. Depois do nascimento, somos amamentados, cuidados, protegidos e preparados para interagir com o mundo externo. Isso é necessário porque o cérebro e o corpo não estão totalmente prontos após o nascimento. Precisamos de um tempo para nos desenvolver e crescer.

Nessa fase inicial, ainda não compreendemos que estamos recebendo amor dos nossos pais ou cuidadores. Para o bebê, tudo o que se passa à sua volta é entendido como seu direito óbvio de receber todo o carinho do mundo. A angústia da separação é vivenciada intensamente nessa época, pois a ausência da mãe do campo da visão é interpretada pelo bebê como um desaparecimento, pois ele ainda não tem uma representação interna da mãe. A segurança e o afeto só são vivenciados com a presença física da figura materna.

Porém, com o distanciamento progressivo da mãe, a criança ganha autonomia ao mesmo tempo que começa a entender o que é o amor e a saudade, devido à sensação da relativa falta que passa a experimentar com mais frequência.

Algumas teorias psicológicas apontam para a importância da relação entre mãe e bebê e de um ambiente acolhedor, seguro e amoroso para um desenvolvimento emocional saudável, pois essas experiências precoces vão determinar as expectativas que teremos com relação a nós mesmos e aos outros e à nossa percepção do mundo de modo geral.

Na adolescência, esse desenvolvimento fica mais evidente. O corpo e o cérebro passam por um processo de amadurecimento final, que prepara o indivíduo para a procriação.

Durante a puberdade, aparecem as características sexuais secundárias: pelos, músculos, barba e voz grossa, no caso dos meninos, e pelos, seios, quadril e contornos delicados, nas meninas. Tudo isso acontece por influência dos hormônios testosterona e estrógeno, que modulam a aparência física.

SINAIS DA PUBERDADE:

NO MENINO

Primeiros sinais:

- aumento dos testículos;
- formas masculinas, como ombros mais largos;
- crescimento do esqueleto;
- crescimento de pés, mãos e músculos em maior velocidade;
- desenvolvimento de características sexuais, como pelos pubianos.

Últimos sinais:

- primeira ejaculação;
- mudanças na voz;
- aparecimento de pelos no rosto;
- crescimento do pênis.

NA MENINA

Primeiros sinais:

- começam a crescer os seios;
- crescimento do esqueleto;
- formas femininas, como aumento do quadril e definição da cintura;
- crescimento dos pés, das mãos e dos músculos em maior velocidade.

Último sinal:

- primeira menstruação.

* SE OCORREREM ANTES DOS 8 ANOS NAS MENINAS E DOS 9 ANOS NOS MENINOS, É PRECISO PROCURAR UM MÉDICO.

Imagem: Shutterstock

Assim como os aspectos físicos do corpo, o comportamento também muda, e passa a surgir o desejo sexual. Inicialmente, não se direciona a uma pessoa específica, mas a um gênero. Nessa fase, a testosterona é o principal hormônio, tanto nos homens quanto nas mulheres. Ele é responsável pelo aumento do desejo sexual por outras pessoas, modulando assim o comportamento humano em relação à sexualidade.

A menarca, primeira menstruação, muda de forma evidente a vida da menina. O menino, também na puberdade, sente-se impulsionado à masturbação, e a sua primeira ejaculação marca o início da trajetória sexual.

Aqui, já percebemos uma diferença: na menina, o processo é passivo, e, com a primeira menstruação, ela nota que virou mulher e já pode procriar; o menino observa a mesma coisa, porém de modo ativo.

Esse desejo sexual inicial – inespecífico e latente – é importantíssimo para o desenvolvimento humano, e a luxúria e o tesão são fundamentais para dar início a qualquer boa história de amor. O desejo, a vontade e a disposição sexual aparecem para valer quando se chega à puberdade, mas nesse momento o que existe é a busca por união sexual com qualquer indivíduo atraente. Ainda não há o desejo específico por uma pessoa.

No cérebro, mudanças neurais também começam a se manifestar. As estruturas cerebrais predominantes são as amígdalas, localizadas uma de cada lado, nos lobos temporais do cérebro (não confundir com as da garganta), que ficam mais ativas em consequência da influência hormonal. Esses núcleos são considerados a porta de entrada para a parte emocional do cérebro, o sistema límbico. As amígdalas recebem informações sensoriais, processam-nas e liberam estímulos para o tronco encefálico, o giro do cíngulo e o hipotálamo, todos no cérebro.

Quando as amígdalas ficam menos ativas, permitimos que outras pessoas se aproximem. Elas deixam de ser vistas como uma ameaça, e pode se iniciar um contato mais íntimo. Como o córtex pré-frontal ainda está em desenvolvimento e, consequentemente, as capacidades de raciocínio, julgamento e autocontrole não estão totalmente prontas, esse contato íntimo pode ser experimentado com mais facilidade, mais frequência e até mesmo com maior risco. Nesse período da vida, a libido e o desejo se sobrepõem ao pensamento e à razão.

CÉREBRO DAS CRIANÇAS PODE MOSTRAR COMO SEXO E GÊNERO SÃO DIFERENTES

Uma publicação científica na *Science Advances* em 2024 revelou que o cérebro das crianças é capaz de mostrar como sexo e gênero são diferentes. No estudo, feito com quase 5 mil crianças de 9 e 10 anos, mostrou-se que sexo e gênero afetam regiões distintas do cérebro e que o sexo, definido ao nascimento, influencia áreas ligadas ao controle motor e ao processamento sensorial, enquanto o gênero, relacionado a atitudes e comportamentos, afeta redes cerebrais mais amplas, como a cognição social e o processamento emocional.

Os pesquisadores utilizaram inteligência artificial para analisar as imagens cerebrais e descobriram que o gênero também pode ser detectado no cérebro, sugerindo sua influência no desenvolvimento neural. Embora o estudo não preveja com que gênero uma pessoa se identifica, ele destaca a importância de diferenciar sexo e gênero nas pesquisas futuras.

O estudo também ressaltou como experiências e o ambiente social moldam o cérebro. Por exemplo, crianças cujos comportamentos de gênero não correspondem ao sexo atribuído no nascimento podem vivenciar influências diferentes no desenvolvimento cerebral. Embora o estudo tenha enfatizado crianças com sexo e gênero binários, ele abre caminho para pesquisas mais inclusivas no futuro, considerando a complexidade dessas interações.

Os autores do estudo esperam que a ciência avance na compreensão de como o gênero e o sexo afetam o cérebro e a saúde ao longo da vida. Isso pode ter implicações no tratamento de doenças relacionadas ao cérebro, já que fatores culturais e ambientais podem influenciar o risco de desenvolvimento de certas condições, independentemente da biologia cerebral inicial.

Diferentemente das outras espécies, os seres humanos desenvolveram a capacidade de arquivar suas experiências. Além da transmissão verbal de vivências para as gerações seguintes, é possível criar livros, filmes e fotografias, e, quando o assunto é sexo, produzir obras pornográficas para quem quiser assistir. Nos dias de hoje, com a globalização e o livre acesso a informações, essas obras estão mais acessíveis que nunca, a um simples toque no celular. Uma revisão sistemática publicada em 2020 no *The Journal of Sex Research* que investigou a relação entre o consumo de pornografia e o funcionamento sexual, relatou como a pornografia pode acionar circuitos de recompensa no cérebro que são semelhantes àqueles ativados por substâncias viciantes, contribuindo para questões de controle e compulsão. É muito importante que esse comportamento seja reconhecido e tratado, pois o vício virtual é capaz de incitar o indivíduo a ir além do que vê na tela e, de fato, tentar satisfazer a sua obsessão com pessoas no mundo real.

O cérebro humano herdou dos nossos antepassados a capacidade de fazer uma análise rápida, pela visão e pela audição, dos aspectos físicos de uma pessoa. Culturas e processos educacionais diferentes podem modificar ou atenuar essa tendência natural, mas, em geral, fazemos uma leitura neurobiológica rápida e simples menos de um segundo após o contato visual, antes mesmo que essas informações atinjam o nível da consciência.

Na década de 1940, os pesquisadores Heinrich Klüver e Paul Bucy descreveram a síndrome neuropsiquiátrica que hoje carrega o nome deles: a síndrome de Klüver-Bucy. Após remover os dois lobos temporais e a amígdala bilateral de macacos *rhesus*, os pesquisadores perceberam que os animais ficaram extremamente dóceis, hipersexualizados e hiperoralizados e que desenvolveram agnosia visual e problemas de atenção.

Na prática clínica, já me deparei com dois casos de pacientes que sofreram traumatismos cranianos com lesões cerebrais difusas em várias partes do cérebro, e que tiveram consequências que coincidiam com a síndrome de Klüver-Bucy. Nesses casos, o que mais chamava atenção era a hipersexualidade que apresentavam. Em um dos casos, o paciente chegou a se masturbar em público, no pronto-socorro, em pé em cima da maca. No outro, a paciente comia bananas com casca e tinha feridas na vagina de tanto que se masturbava na enfermaria. Felizmente, ambos melhoraram na fase de reabilitação com o uso de medicamento.

A constatação científica de Klüver e Bucy foi um marco na compreensão da neurobiologia das emoções. Com seus estudos, percebeu-se que as amígdalas cerebrais são importantes estruturas do sistema límbico e estão totalmente envolvidas na regulação do desejo de ter um relacionamento físico com outras pessoas.

Em 2016, pesquisadores da Universidade de Dresden, na Alemanha, constataram e publicaram na revista *Nature* que quanto maiores forem as diferenças de compatibilidade genética e imunológica entre um casal, maiores serão o desejo e o grau de satisfação sexual que terão. O estudo analisou o comportamento de 254 casais e comparou amostras de DNA dos participantes, extraídas de células da parte interna da bochecha. É provável que o cérebro humano detecte essas diferenças pelo olfato, mas inconscientemente, assim como fazem os peixes, as aves e outros mamíferos por meio dos feromônios, substâncias que podem provocar interesse sexual ou não.

É interessante notar que as informações olfativas penetram o cérebro através do teto da cavidade nasal, na lâmina crivosa, e não passam pelo tálamo. Na verdade, elas têm dois destinos: a área septal e o úncus, porção medial dos lobos temporais onde ficam as amígdalas cerebrais e os hipocampos.

Com o desenvolvimento das porções orbitofrontais, que são as últimas a amadurecer, passamos a usar as emoções para nortear as nossas decisões e lapidar a nossa capacidade de empatia, habilidades essenciais em uma relação adulta.

NEURODICAS

1. A prática de atividades físicas pode aumentar a testosterona e melhorar a libido.
2. O uso de perfume pode provocar associações agradáveis e despertar a memória emocional do parceiro.
3. Se você sente atração por uma pessoa que nem todos acham bonita, seu sistema de incompatibilidade pode estar "falando mais alto". Siga seu instinto.

CAPÍTULO 2

MAIS QUE EMOÇÃO, O AMOR É MOTIVAÇÃO

O amor não é uma simples emoção, e sim um sistema motivacional integrado, que tem por objetivos a construção e a manutenção de uma relação íntima com determinado parceiro. Uma definição científica, mas não muito romântica, dirá que o amor é uma propriedade resultante de uma mistura antiga de neuropeptídeos e neurotransmissores, em outras palavras, de substâncias naturais produzidas no cérebro que atuam e modificam o seu funcionamento.

Esse sistema motivacional é ligado quando um indivíduo confere a certa pessoa atributos especiais e únicos capazes de acionar seu circuito de recompensa cerebral, satisfazendo algo previamente eleito como necessário. Isso acontece de repente, como uma flechada certeira de Cupido, conforme descreveu a mitologia greco-romana.

Essa faísca inicial ainda é um mistério para a ciência. Sabemos que os homens se apaixonam mais que as mulheres e que diferenças culturais influenciam esse processo, mas estudos sociológicos demonstram que o amor romântico é universal e transcultural.

O amor romântico é mais forte que a simples atração sexual. Ao observarmos o comportamento humano, raramente encontramos casos de suicídio ou de assassinatos motivados por uma rejeição sexual. Entretanto, existem inúmeros relatos de depressão clínica e de crimes passionais associados a pessoas que foram abandonadas ou traídas por aqueles a quem amavam.

Quando uma pessoa está apaixonada, muitas coisas acontecem em sua vida. A pessoa amada se torna fascinante e preciosa. Notam-se aumento da energia dispensada a ela, incremento da atenção seletiva, seguimento obsessivo do parceiro, afloramento do sentimento de guarda, uso de gestos de afiliação (uma tatuagem em homenagem ao outro, por exemplo), comportamento orientado para um objetivo e motivação para conquistar a preferência do parceiro. Os níveis de testosterona, adrenalina, noradrenalina e dopamina aumentam enquanto o nível de serotonina diminui, causando até mesmo alterações físicas.

Tudo isso acontece porque o circuito de recompensa cerebral é mais estimulado no cérebro do apaixonado. A paixão acende a esperança de sair de uma situação de desconforto e vivenciar o prazer e a satisfação. Ela usa o mesmo circuito cerebral ativado pelo consumo de drogas, por isso é viciante.

Construir um relacionamento pode até mesmo não ser uma preocupação inicial, porém uma pessoa específica pode desempenhar um papel tão intenso na ativação do circuito de recompensa cerebral que provoque um julgamento hipervalorizado de sua beleza, caráter, habilidades e qualidades. Isso chega a cegar psiquicamente o apaixonado, fazendo com que ele não enxergue os defeitos do outro ou os minimize ao extremo, pois, como já foi dito, ocorre, em paralelo, um rebaixamento das funções cerebrais que controlam a crítica, o pensamento e a razão. Nesse momento, o outro é idealizado pelo apaixonado, e, em função disso, linhas de pensamento absurdas podem ser aceitas sem hesitação.

Essa "cegueira" muitas vezes nos impede de prever as consequências dos nossos atos. É como entrar em um labirinto sem ter a menor ideia de qual é o melhor caminho até a saída. Por isso, algumas decisões só deveriam ser tomadas após essa fase de encantamento. O famoso test drive sempre vale a pena antes de um impetuoso pedido de casamento, pois, no futuro, a decepção e o transtorno podem ser muito grandes.

Sintomas de ansiedade e estresse também podem acompanhar a paixão, pois o desejo e a expectativa de agradar o outro, de conquistar a pessoa almejada e de manter o relacionamento aumentam o nível de exigência sobre si mesmo. São sintomas que precisam ser gerenciados, pois podem ser positivos, no sentido de impulsionar o indivíduo para o alcance do seu objetivo, mas também negativos, caso sejam muito intensos. Quando estamos ansiosos ou sob o efeito do estresse, certas capacidades cognitivas, como raciocínio, atenção e memória, importantes até para a manutenção de uma simples conversa, ficam prejudicadas.

COMO OCORRE

A atração física faz o cérebro liberar hormônios e neurotransmissores:

↑ Aumenta ↓ Diminui

↑ **Testosterona** – responsável pelo desejo por outra pessoa.

↑ **Adrenalina** – aumenta a frequência cardíaca, fazendo o coração bater mais rápido.

↑ **Noradrenalina** – dá mais energia, aumenta a energia e tira o sono e a fome.

↑ **Dopamina** – provoca a sensação de prazer e bem-estar.

↓ **Serotonina** – faz o indivíduo ficar mais obsessivo.

Imagem: Shutterstock

Ter uma pessoa para quem possa falar qualquer coisa sem ser recriminado, e ainda por cima ser elogiado e validado, é um desejo latente do ser humano. Geralmente, na infância, os pais validam tudo o que o filho diz ou faz, acostumando-o, de certa forma, a essa situação. Quando uma pessoa está apaixonada, esse desejo de ser reconhecida é ainda mais intenso. Nesse momento, receber um elogio qualquer já faz com que a pessoa sinta um enorme prazer, e isso se deve à liberação de dopamina no circuito de recompensa cerebral. Nas primeiras ocorrências desse enaltecimento, o sistema nervoso autônomo simpático pode ser estimulado, causando manifestações físicas intensas, como taquicardia, dilatação das pupilas, nervosismo e rubor. Com o tempo, isso deixa de acontecer.

Existe uma tendência a respostas imediatas diante de um elogio, e, em cada caso, elas são influenciadas por fatores genéticos, ambientais, sociais e culturais. Uma rápida interpretação do elogio pelo cérebro determinará o padrão de resposta. Por exemplo, um elogio como "Você está linda hoje!" pode ter reações completamente diferentes a depender de quem o emitiu e de quem o recebeu.

Pesquisadores japoneses, interessados no efeito cerebral causado por um elogio, reuniram voluntários para uma pesquisa e identificaram que aqueles que foram elogiados apresentaram melhor desempenho na tarefa (no caso, digitar uma ordem específica de caracteres o mais rápido possível) e uma ativação do corpo estriado.

O elogio causa um reforço positivo no cérebro, que aumenta a confiança e a vontade de repetir o que foi validado pelo admirador. Isso se reflete também no corpo, e não apenas momentaneamente, pois certos efeitos, como alegria, redução do estresse e controle da ansiedade também podem ser sentidos a longo prazo. Além disso, o elogio estimula e reforça o sistema imunológico. Aos poucos, desenvolve-se uma dependência emocional, mas ela é criada de maneira tão agradável que a vontade do apaixonado é que ela nunca termine.

Bem no início do relacionamento, algumas barganhas podem ser conseguidas, com um forte impacto na mudança de hábitos. Geralmente, os elogios ao corpo farão com que a pessoa continue se exercitando ou mantendo uma dieta, o que colabora para a manutenção de um estilo de vida saudável. Em outros casos, uma pessoa pode abandonar um vício, por exemplo, fumar, se isso for uma premissa fundamental para o romance. Nessas situações, a tentação é vencida em prol da aprovação da pessoa amada.

Por sua vez, reações intensas a elogios podem acabar por bloquear a originalidade e a criatividade. Convido você a refletir sobre a seguinte frase frequentemente atribuída a Sigmund Freud: "Podemos nos defender de um ataque, mas somos indefesos diante de um elogio". Eu diria que somos *absolutamente* indefesos diante de um elogio *de quem amamos*. E principalmente no início da paixão.

Na paquera, busca-se, numa infinidade de opções, o melhor e mais recíproco relacionamento. O desejo de amar e ser amado confunde-se com o amor, e é essa energia mental que motiva nossos padrões de comportamento.

NEURODICAS

1. Faça elogios e agradeça quando os receber.
2. Não tome decisões importantes durante a fase de encantamento.
3. Identifique e experimente todas as fases do amor.

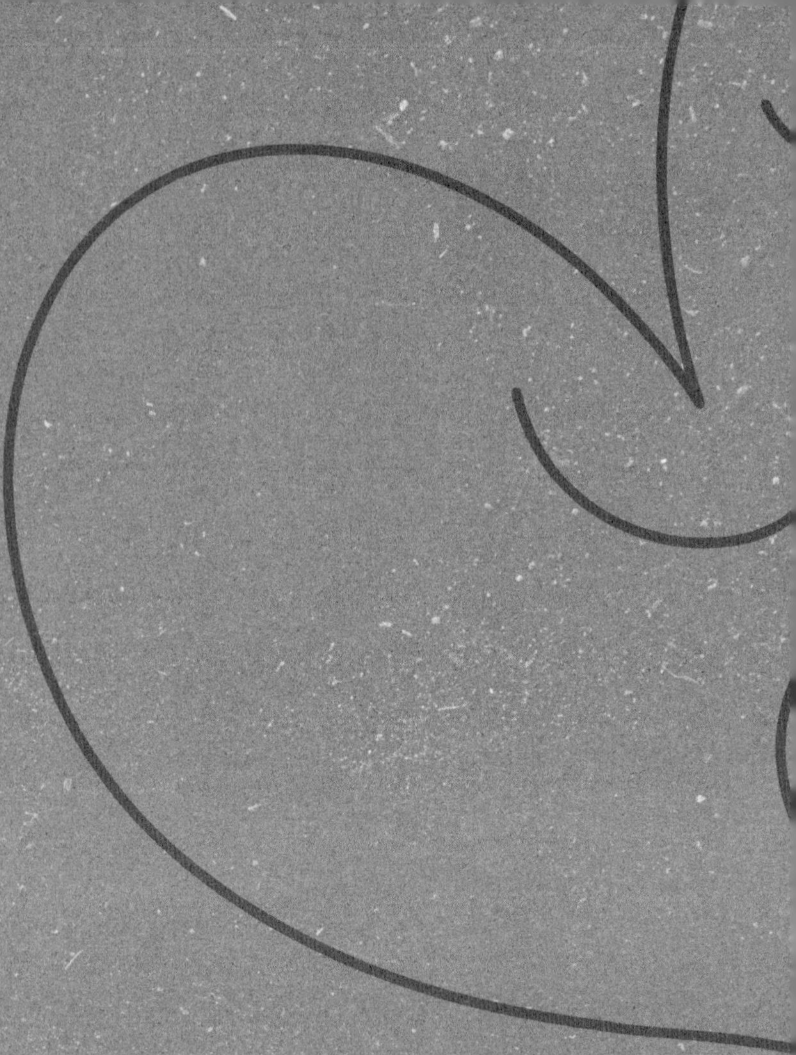

CAPÍTULO 3

FLERTE, CONTATO VISUAL E SEDUÇÃO

"A primeira impressão é a que fica." Você certamente já ouviu essa frase. Quando o assunto é a paquera, a impressão inicial é fundamental.

A mente humana é muito sensível a imagens, cores e padrões visuais. Entre os cinco sentidos, a visão se destaca, no primeiro momento, como principal porta de entrada de novas informações para o cérebro. O cérebro masculino é ainda mais sensível a esse tipo de informação. Por isso, a estratégia de se arrumar para conquistar um homem funciona. A pornografia, por exemplo, tem mais apelo entre eles do que entre elas.

O cérebro feminino, por sua vez, é mais sensível à audição. Dessa forma, a voz, a conversa e a comunicação verbal são muito importantes num primeiro encontro, por isso o cérebro masculino precisa ter o poder de impressionar com as palavras.

Um estudo realizado na Universidade de Aberdeen, no Reino Unido, e publicado na revista *Memory & Cognition* mostrou que vozes masculinas mais graves, além de serem preferidas pelas mulheres na hora de escolher o parceiro, no caso de relações heterossexuais, podem ter influência na memória feminina. Nesse estudo, vozes masculinas agudas e graves, reais e geradas por computador, foram associadas a diferentes objetos, e os resultados apontaram que as mulheres se lembraram mais dos objetos associados às vozes masculinas graves.

Em outro estudo, realizado nos Estados Unidos, pesquisadores gravaram as vozes de 149 voluntários, homens e mulheres, e classificaram-nas em uma escala que ia de "nada atraente" até "muito atraente". No resultado, notou-se que as vozes consideradas mais atraentes eram de pessoas com características físicas que também faziam mais sucesso.

Um trabalho científico espanhol mostrou que ocorre uma sincronia elétrica no cérebro instantes após vermos algo ou alguém que achamos bonito. Com essa mudança momentânea, que vem acompanhada de uma sensação agradável, nosso instinto defensivo em relação à aproximação daquela pessoa é desarmado. As amígdalas cerebrais silenciam suas atividades relacionadas a emoções como raiva e repulsa. Dessa forma, favorece-se um contato mais íntimo.

O escritor e filósofo Camilo José Cela-Conde, com colaboradores, analisou o cérebro de dez homens e de dez mulheres, estudando como reagiam à beleza. O resultado apontou que as atividades elétricas cerebrais diante de estímulos considerados bonitos são significativamente diferentes nos dois sexos. Os pesquisadores afirmam que o processo evolutivo propiciou essa diferenciação no funcionamento cerebral, sendo as mulheres consideradas coletoras, e os homens, caçadores. Apesar de existirem consensos universais, a percepção da beleza é subjetiva. Simetria facial, estatura corporal e roupas adequadas às medidas do corpo e à ocasião são fatores importantes, mas o ditado popular "Quem ama o feio bonito lhe parece" demonstra com sabedoria a alteração na percepção cerebral quando se ama. Isso também pode ser explicado do ponto de vista científico, pois, quando existe afeto positivo, a imagem da pessoa desejada passa a ser considerada bela e provoca a mesma sincronia elétrica dentro do cérebro.

Um estudo recente da Universidade de Hamilton, nos Estados Unidos, mostrou que ver um rosto muitas vezes pode acabar por torná-lo atrativo. Isso desvenda o mistério do motivo pelo qual, em muitos casos, uma pessoa passa a se sentir atraída por outra após vários encontros. Ou seja, mesmo que a primeira impressão não seja das melhores, nem tudo está perdido. Embora as múltiplas mudanças psicológicas certamente contribuam para essa evolução constante da percepção do outro, uma parte importante do fenômeno pode ser atribuída à mudança gradual na atratividade pela repetição da mesma imagem.

O reconhecimento do rosto do outro, ao vê-lo novamente, acontece no lobo temporal, principalmente no giro fusiforme, que fica na parte inferior deste lobo. Essa região cerebral também é envolvida no reconhecimento de silhuetas e corpos. Isso foi percebido com exames de ressonância magnética funcional, que comprovaram o aumento da irrigação sanguínea e da atividade elétrica no giro fusiforme quando focamos a visão em um ponto específico ou em um objeto em uma sala, o que indica que essa área desempenha um papel importante nesse processo.

Em 2015, Takahashi e colaboradores de Osaka, no Japão, publicaram resultados de uma pesquisa muito interessante. Nela, dez indivíduos heterossexuais, sendo seis mulheres e quatro homens, todos em relacionamentos estáveis com duração média de dezessete meses, foram submetidos a exames de neuroimagem PET SCAN enquanto fotos dos seus respectivos parceiros, por quem sentiam amor, e de conhecidos, por quem tinham um sentimento neutro, eram exibidas. Durante a tarefa, os indivíduos tinham de dar notas de zero a cem às suas sensações diante de cada foto, sendo zero correspondente à ausência completa de excitação e cem ao grau máximo de excitação. Também foram monitoradas as atividades do sistema nervoso simpático, com base na medida da frequência cardíaca, na amplitude do pulso cardíaco, na frequência respiratória, na condutância e na temperatura da pele e do corpo. Além disso, um marcador biológico, antagonista do receptor de dopamina D2/D3, foi utilizado para identificar as áreas cerebrais de ativação do sistema de neurotransmissão dopaminérgica. Foi provado que a dopamina é um neurotransmissor fundamental na formação de casais de arganazes-do-campo (roedores monogâmicos), daí o interesse nesse neurotransmissor.

Os resultados foram claros. A atividade do sistema nervoso simpático, relacionada à reação de alerta, foi mais intensa quando as fotos dos parceiros foram exibidas, comprovando a excitação física que se sente quando se tem qualquer tipo de contato com a pessoa amada, como o aumento das frequências cardíaca e respiratória, por exemplo. Além disso, foi comprovada a ativação do sistema dopaminérgico, com liberação de dopamina nos córtex orbitofrontal e pré-frontal medial. O córtex orbitofrontal também faz parte da porção emocional do cérebro, e trabalhos científicos já mostraram seu papel na percepção da beleza.

O flerte e o contato visual são, portanto, os primeiros gatilhos para o início do processo amoroso dentro do cérebro. Cientistas suspeitam que a produção cerebral de um neurotransmissor, a feniletilamina, pode ser desencadeada apenas por trocas de olhares e até mesmo por um aperto de mãos. Esse neurotransmissor pode ser responsável por grande parte das sensações e das mudanças fisiológicas que apresentamos quando estamos apaixonados.

Como a flecha certeira do cupido, um olhar pode ser lançado e percebido em qualquer ambiente: restaurantes, boates, parques, escola, rua, praia ou trabalho. As pessoas essencialmente mais sedutoras observam mais e procuram contato visual, buscando admiração e sintonia mental. A sedução acontece com o poder do olhar e funciona como uma hipnose no cérebro.

A interpretação da postura corporal e do olhar de outra pessoa pode oferecer os indícios necessários para saber se o flerte será bem-sucedido e retribuído. No livro *O corpo fala*, um best-seller de Pierre Weil e Roland Tompakow, os autores exploram a linguagem silenciosa da comunicação não verbal e apresentam muitas dicas sobre esse tema. Por exemplo, numa roda de conversa, o corpo e os pés de uma pessoa geralmente estão voltados para quem ela considera mais interessante e atraente. Trata-se de uma linguagem quase sempre inconsciente, o que significa que você pode tentar controlar e medir suas palavras, mas será muito difícil controlar a sua manifestação corporal. O corpo é o primeiro a denunciar uma emoção. Tanto é que os atores, além de decorar suas falas, precisam incorporar a essência do personagem para transmitir, através de gestos, posturas e movimentos, a linguagem como um todo.

Em um trabalho desenvolvido no Zoológico de São Paulo, do qual participei, notamos que o contato visual direto entre os orangotangos pode ser interpretado como um desafio. Isso é ainda mais evidente no caso dos gorilas. Vale lembrar que só o cérebro desses dois animais são semelhantes aos nossos, porém menores.

Contudo, se a comunicação corporal pode ser desafiadora, a expressão facial pode facilitar tudo. Um rosto tranquilo, com um belo sorriso, mostra ao pretendente que não haverá resistência à sua aproximação. Mais profundamente, no cérebro, o sistema límbico passa a ver aquela pessoa com simpatia, entendendo que não representa um adversário ou um inimigo, e sim alguém que pode provocar momentos de prazer e bem-estar. No entanto, sempre precisamos levar em consideração que podem existir diferenças culturais que interfiram nessa interpretação.

Na Universidade de Kyoto, no Japão, foi desenvolvido um estudo em que vinte e seis voluntários foram divididos em dois grupos com o intuito de testar sua inteligência linguística em situações em que havia ou não contato visual. A tarefa que receberam consistia em associar determinada palavra, dada pelos pesquisadores, a um verbo específico. Por exemplo, a palavra "faca" deveria ser associada ao verbo "cortar". Quem dava as palavras era um rosto projetado na tela de um computador, sendo que com um dos grupos houve contato visual contínuo enquanto com o outro grupo o rosto computadorizado olhava sempre para baixo.

Os resultados apontaram que o segundo grupo teve um desempenho melhor, pois o grupo que manteve contato visual constante gastou mais tempo para encontrar os verbos corretos. E, quanto mais difícil a associação de palavras, maior a diferença na comparação dos dois grupos.

Esse experimento demonstra que ambas as tarefas, de comunicação verbal e não verbal, exigem um esforço mental. O contato visual direto, como o que ocorre em um flerte, apesar de demonstrar sinceridade e confiabilidade, dá um trabalho adicional para o cérebro. Neste momento, é bom iniciar uma conversa menos complicada, que será menos desgastante e provavelmente não exigirá toda a capacidade cognitiva de comunicação verbal, nem a sua nem a do pretendente.

Uma estratégia interessante para "enganar" o seu cérebro é alternar o foco do olhar, formando um triângulo invertido no rosto do pretendente, que vai do olho direito para o olho esquerdo e, depois, para a ponta do nariz. Com isso, a pessoa que recebe seu olhar terá a impressão de ser olhada nos olhos, mas a execução desse tipo de movimento é gerenciada pelos lobos frontais, preservando as capacidades cognitivas e as habilidades de comunicação verbal.

Há ainda alguns estudos interessantes que relacionam o cheiro à escolha de parceiros. Um deles, realizado na Universidade Estadual da Flórida pelos cientistas Saul L. Miller e Jon K. Maner, constatou que os homens que cheiraram camisetas de mulheres no período fértil tiveram níveis de testosterona mais elevados do que aqueles que cheiraram camisetas usadas por mulheres que não estavam ovulando. Eles classificaram o "cheiro do período fértil" como mais agradável. Para a realização desse estudo, as mulheres usaram as camisetas durante três noites, estando elas em diferentes fases do ciclo menstrual, e voluntários do sexo masculino foram chamados para cheirar as peças usadas pelas mulheres. O controle dos níveis de testosterona dos homens foi feito com amostras de saliva coletadas antes e após o contato com as roupas.

Já as mulheres tendem a preferir parceiros com características mais masculinas quando estão em seu período fértil, segundo um estudo da Universidade da Califórnia publicado no *Psychological Bulletin*, por Kelly Gildersleeve, Martie G. Haselton e Melissa R. Fales. Nesse caso, os pesquisadores revisaram cinquenta estudos sobre o assunto e concluíram que o sexo feminino evoluiu para preferir, em encontros casuais, parceiros com comportamento dominante, certo tipo físico e facial e determinado odor corporal. Essas mesmas características, porém, não são procuradas em pretendentes para relacionamentos longos.

NEURODICAS

1. Arrume-se.
2. Mostre seu rosto muitas vezes.
3. Sorria sempre.
4. Evite contato visual direto por muito tempo.

CAPÍTULO 4

O CHARME E O ENCANTAMENTO DA PRIMEIRA CONVERSA

Tudo perfeito. O flerte já aconteceu e deu certo. E agora seu objetivo principal é saber mais sobre aquela pessoa por quem você se encantou.

A primeira isca certamente foi a impressão visual causada pela pessoa ou possíveis comentários e elogios que você tenha ouvido sobre ela. Neste último caso, o cérebro estará ainda mais envolvido, pois a sua imaginação já terá começado a trabalhar para criar uma imagem dessa pessoa há algum tempo.

O ato de imaginar é executado pelos lobos frontais, criando possibilidades futuras, sejam elas prováveis ou não. Nesse processo, memórias pessoais de relacionamentos anteriores são misturadas a informações do pretendente atual, sob o comando do sistema límbico, envolvendo emoções que despertam desejos ou receios.

No passo seguinte, uma conversa dará início a um contato mais íntimo. Se essa conversa acontecer pessoalmente, será mais intensa ainda, porque outra potente entrada sensorial, além da visão e da audição, terá lugar na jogada: a olfação.

O olfato humano é capaz de reconhecer até 10 mil cheiros, e as mulheres são mais sensíveis a eles do que os homens. Algumas pessoas têm geneticamente mais sensibilidade no olfato do que outras. Quando sentimos um cheiro, as partículas inaladas estimulam neurônios que ficam na parte superior da cavidade nasal. São criados impulsos elétricos que trafegam pela via neurológica do olfato, na base do cérebro, até duas regiões distintas: o úncus, no lobo temporal, dentro da parte emocional do cérebro, e outra região na área septal, relacionada à sensação de prazer.

Ao sentir um aroma, o cérebro imediatamente o classifica como agradável ou desagradável. Isso acontece instintivamente e tem relação com a preservação da nossa saúde. Por exemplo, o odor de uma infecção urinária provoca repulsa imediata e pode, inclusive, interromper o desejo sexual em curso, sinalizando que há algo de errado. Nesse caso, a concepção, que o ser humano instintivamente considera o resultado de uma relação sexual bem-sucedida, estaria potencialmente comprometida pela existência de uma doença.

Uma pesquisa feita por cientistas da Universidade de Berkeley, nos Estados Unidos, trouxe mais uma prova da importância do olfato. No seu estudo, eles constataram que um componente químico chamado androstenediona, derivado da testosterona e encontrado no suor masculino, é capaz de alterar os níveis hormonais de mulheres apenas pelo olfato.

Além disso, insetos, anfíbios, répteis e mamíferos exalam substâncias que servem como sinalizadores químicos sociais, os feromônios, que desempenham um papel fundamental na aproximação sexual.

Os feromônios são captados pelo órgão vomeronasal, que fica entre a cavidade nasal e a bucal e tem grande importância na detecção de hormônios e na percepção do cio e do comportamento sexual de fêmeas e machos. Os peixes, apesar de não terem esse órgão, utilizam seu sistema olfativo para detectar feromônios. Nos humanos, há uma reminiscência desse órgão, o que abre espaço para suposições afrodisíacas.

Do ponto de vista instintivo e biológico, o sistema imunológico também orienta nossas escolhas e preferências. Em 1995, pesquisadores demonstraram que a similaridade de HLA (sigla em inglês de antígeno leucocitário humano, ou seja, parte do complexo principal de histocompatibilidade) afeta nossa preferência olfativa. Claus Wedekind e colaboradores mostraram em seu estudo que 49 mulheres deram preferência ao odor do corpo de homens que tinham HLA diferentes em detrimento do odor de homens que tinham HLA similares aos delas.

É interessante que, geralmente, há preferência visual pelo rosto de indivíduos com HLA similares, mas, quando o assunto é cheiro, a preferência é por alguém com HLA não similar. Isso foi apontado pelos pesquisadores Jan Havlicek e Craig Roberts, que apresentaram, em 2009, uma teoria de que os sistemas visual e olfativo se complementam com o objetivo de garantir o melhor padrão genético na prole.

Depois da classificação imediata feita pelo cérebro, os cheiros que sentimos são comparados aos dados que já existem em nossa memória emocional. Ao sentir o cheiro de uma borracha escolar, você pode se lembrar da sua primeira professora; ao sentir o cheiro de determinado perfume, você pode se lembrar do seu primeiro namoro; e assim por diante.

O cheiro é importante até no beijo, pois a sensação do paladar é causada pela mistura de duas entradas sensoriais: a olfação e a gustação. Por isso, já no primeiro contato dos lábios, nota-se um elemento que será fundamental para a história do relacionamento. Muitas pessoas afirmam que o primeiro beijo determina o tom do namoro. Não há evidência científica que comprove essa teoria, mas é uma hipótese coerente.

Em um estudo realizado na Universidade de São Paulo, a psiquiatra Carmita Abdo e seus colaboradores entrevistaram 7.103 pessoas e identificaram que para 89% delas o beijo é fundamental antes, durante e depois do ato sexual.

BEIJO COMO "REGRA" DOS SEIS SEGUNDOS

O trabalho realizado pelos terapeutas de casais e psicólogos clínicos John e Julie Gottman mostrou que um exercício de intimidade diário, o beijo de seis segundos, pode significar uma boa conexão física com seu parceiro.

Após estudar mais de 3 mil casais por trinta anos, os Gottman apontam que seis segundos de intimidade intencional são suficientes para desencadear a liberação de ocitocina, o mesmo hormônio que se acredita ser responsável por vincular um bebê com a mãe. Segundo os pesquisadores, a ocitocina constrói confiança em um relacionamento acalmando o centro do medo do cérebro.

Embora não haja um artigo científico específico que resuma exatamente as informações sobre o beijo de seis segundos, a obra dos Gottman é amplamente reconhecida e usada como referência no campo da terapia de casais e na compreensão das relações amorosas.

O charme de uma pessoa vai muito além do olfato e se manifesta nos detalhes, promovendo encantamento, como uma gola mais alta, uma roupa especial, uma covinha no rosto, um olhar diferente, um sorriso um pouco torto, uma cabeleira grisalha... São pequenos detalhes que quebram o paradigma da beleza genérica aceita por todos e que produzem esse efeito de desejo pelo outro. O charme torna uma pessoa única. Ele mostra o estilo de cada indivíduo, com um impacto cultural que vai além da nossa herança biológica. Por exemplo, uma mulher pode ficar muito charmosa em sandálias de salto alto, mas salto alto nunca existiu na natureza.

Durante a primeira conversa com um pretendente, escute com atenção. Quando permite que alguém fale abertamente sobre suas experiências pessoais, crenças e impressões, você transmite ao outro uma sensação extremamente agradável.

A primeira conversa é um dos momentos em que há mais foco. A atenção seletiva predomina e o nível de concentração se eleva, ou seja, seu foco está exclusivamente na pessoa à sua frente. Todo o ambiente e os estímulos externos são desprezados pelo cérebro. O sistema de atenção anterior, que tem a dopamina e os lobos frontais como elementos, é o mais acionado agora.

Nesse primeiro momento, o maior vilão é a ansiedade, que precisa ser controlada para não atrapalhar a concentração, o raciocínio e a espontaneidade. Por sorte, essa ansiedade é inicial e tende a diminuir conforme a conversa flui. Inclua elogios nessas conversas iniciais. Como vimos, eles provocam a validação de comportamentos.

Ao perceber conscientemente um elogio, o cérebro aciona seu circuito de recompensa por meio da liberação de neurotransmissores, em especial a dopamina. Regiões como a área tegmental ventral, o núcleo *accumbens* e o córtex pré-frontal, que constituem o circuito mesolímbico dopaminérgico, são acionadas, e o estímulo dessa rede neural confere uma sensação de prazer, alegria e aceitação.

Enquanto a conversa se estende, você pode buscar outros elementos que deem dicas importantes sobre a pessoa que fisgou ou está tentando fisgar a sua atenção. Esse primeiro contato é a melhor oportunidade para saber se a relação vai se estender ou não. Cheiro, charme, uma conversa agradável, alguns elogios e pronto: o terreno estará preparado para um segundo encontro e, quem sabe, para o começo de um namoro.

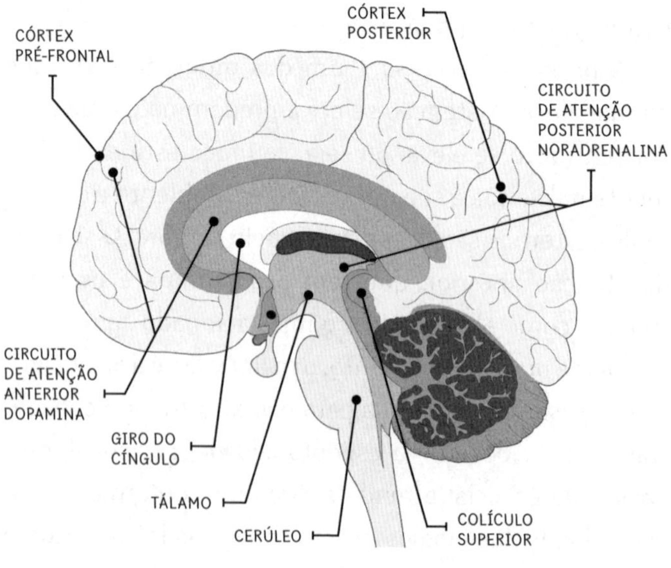

Imagem: Shutterstock

NEURODICAS

1. Olhe sem provocar inibição, mas sinalizando que tem interesse.
2. Sorria! O sorriso diz ao cérebro de outra pessoa que você está bem e aberto para uma aproximação, promovendo bem-estar.
3. Na primeira conversa, use a inteligência emocional e controle a ansiedade. Lembre-se de que a pessoa que está à sua frente está na mesma situação que você.

CAPÍTULO 5

NEUROQUÍMICA DA PAIXÃO

Na fase da paixão, basta chegar perto da pessoa amada para que aconteçam mudanças no cérebro e no corpo. Imediatamente, vivenciamos um estado de ansiedade e de alerta capaz de alterar o nosso funcionamento cognitivo, impactando a atenção, o raciocínio, o senso crítico e até mesmo a memória.

Um estudo publicado pela revista *Motivation and Emotion*, promovido por pesquisadores da Universidade de Leiden, na Holanda, e da Universidade de Maryland, nos Estados Unidos, observou que a intensidade da paixão pode estar relacionada ao nível de concentração de uma pessoa. Quarenta e três participantes que estavam em um relacionamento romântico havia menos de seis meses realizaram uma série de tarefas em que recebiam uma gama de informações e precisavam categorizá-las em relevantes ou irrelevantes o mais rápido possível. Antes dos testes, os participantes foram estimulados a se lembrar de um evento romântico e, durante a realização das tarefas, ouviam músicas românticas. Além disso, eles se autoavaliaram quanto ao nível de paixão que sentiam.

Foi observado que quanto mais apaixonadas as pessoas se declaravam, menos conseguiam distinguir as informações irrelevantes – ou seja, as pessoas apaixonadas mostraram menor capacidade de concentração e mais dificuldade para realizar tarefas que exigiam atenção. Os resultados foram similares entre homens e mulheres.

O nervosismo entre os apaixonados ocorre por ativação do sistema nervoso autônomo simpático, envolvendo as amígdalas cerebrais, o hipotálamo e as glândulas suprarrenais, localizadas no cérebro. Com a liberação de adrenalina na corrente sanguínea, acontecem alterações físicas, mudanças de sensações, insegurança motora e hesitação na comunicação. Durante a "paixonite aguda", a pessoa pode apresentar ou sentir:

- **tontura, vertigem e desorientação;**
- **pensamento acelerado;**
- **insônia;**
- **falta de ar e respiração rápida;**
- **falta de apetite;**
- **agitação;**
- **visão desfocada;**
- **dificuldade para engolir;**
- **batimento cardíaco acelerado;**
- **tremor;**
- **sudorese;**
- **pernas bambas;**
- **vontade de sair correndo.**

As regiões erógenas do corpo têm como característica principal a grande densidade de entradas de informação sensorial e odor específico, ou seja, têm mais sensibilidade. São elas: nuca, orelhas, boca, pescoço, axilas, mamilos, mãos, umbigo, dorso, virilha, períneo (genitais e ânus), pernas e pés. Quando essas regiões são estimuladas, ocorre uma redução das alterações provocadas pela adrenalina. As novas mudanças químicas e hormonais desencadeiam ainda outras sensações, como a motivação e o desejo de aproximação e de satisfação emocional e sexual.

Um beijo é capaz de silenciar as amígdalas cerebrais, permitir a aproximação e aumentar a percepção da presença do parceiro. Os lábios e a língua têm grande representação sensorial no córtex cerebral, em comparação a outras partes do corpo. Além disso, o beijo na boca é muito bem aceito socialmente como primeiro contato físico íntimo.

Nesse momento, o prazer é explorado através do contato entre os lábios e a língua. Áreas encefálicas profundas, como o tronco encefálico e o tálamo, são acionadas em conjunto com o córtex parietal e a ínsula. Durante o beijo, movimentamos trinta e quatro músculos da face e acionamos, bilateralmente, cinco dos doze nervos da cabeça.

O CÉREBRO E O BEIJO

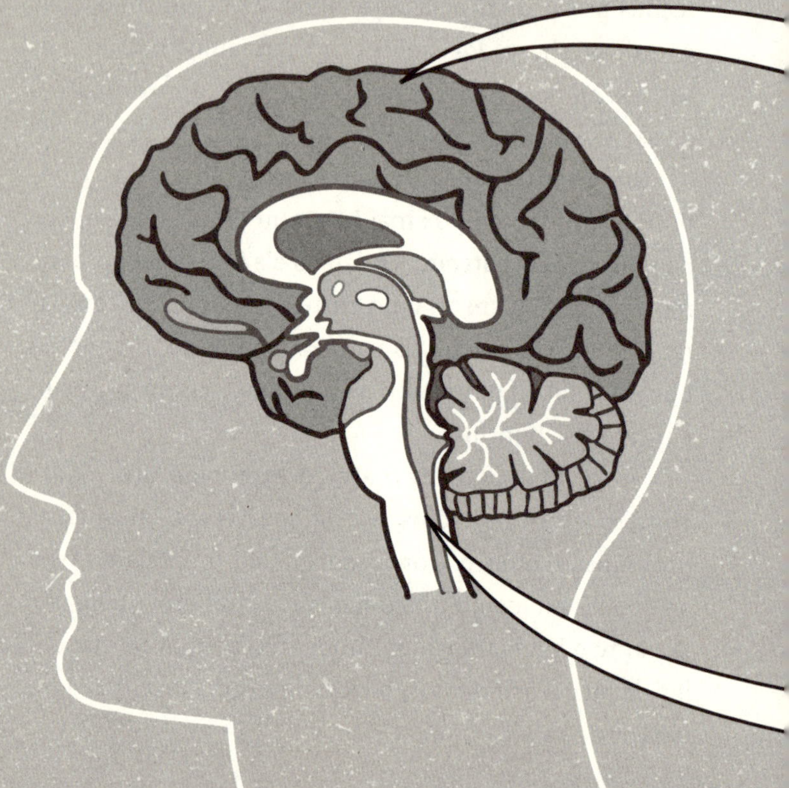

Imagem: Shutterstock

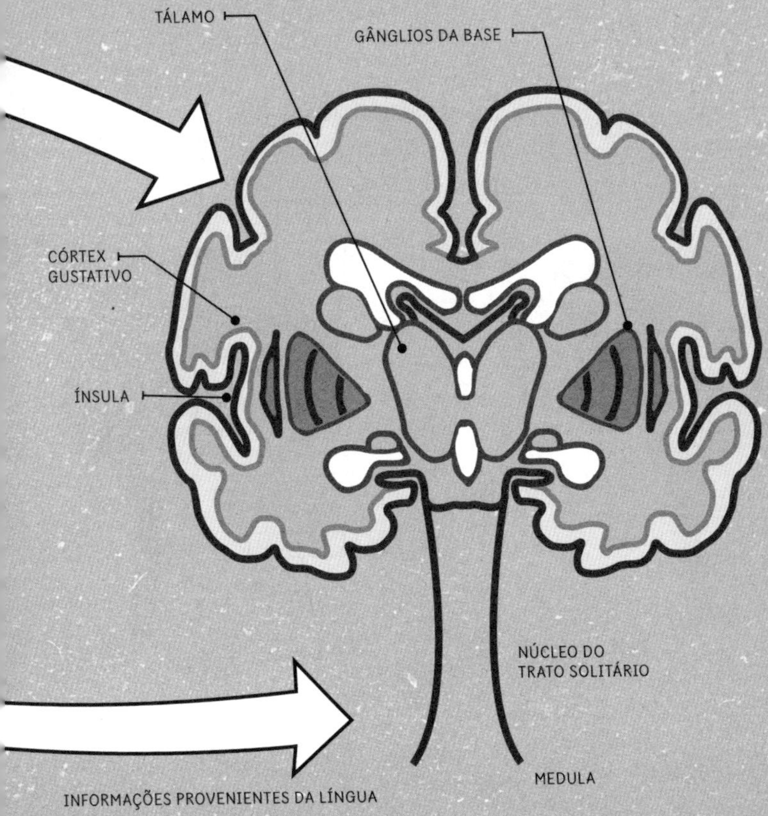
TÁLAMO
GÂNGLIOS DA BASE
CÓRTEX GUSTATIVO
ÍNSULA
NÚCLEO DO TRATO SOLITÁRIO
MEDULA
INFORMAÇÕES PROVENIENTES DA LÍNGUA

DURANTE O BEIJO

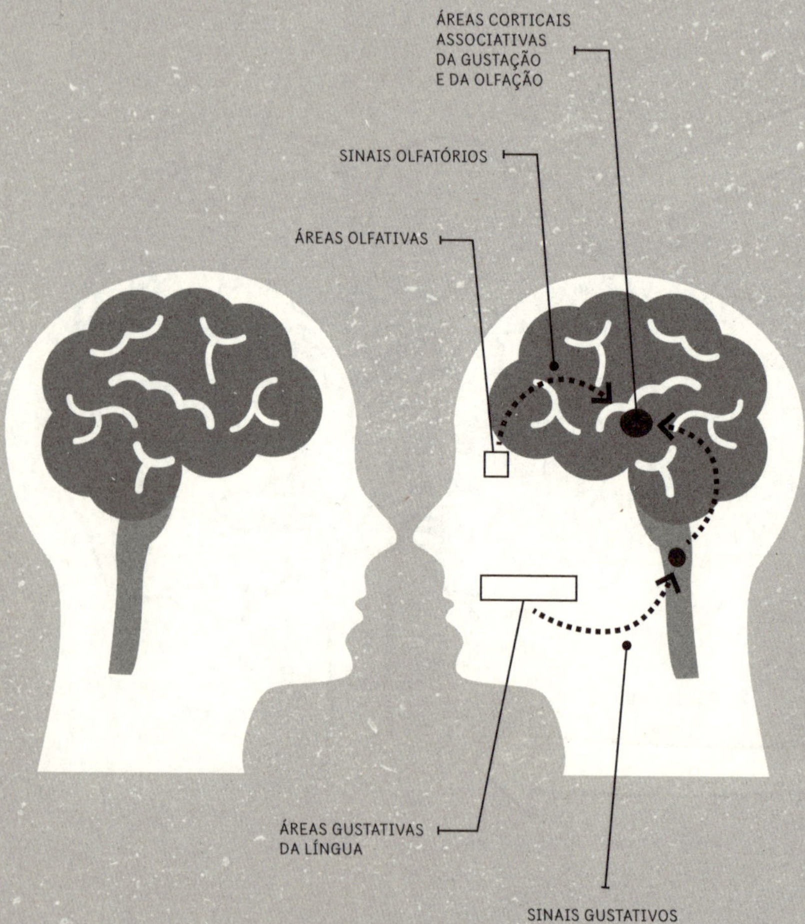

Imagem: Shutterstock

Durante o beijo, o cérebro associa o cheiro e o gosto da boca da outra pessoa a demais informações, como o som da respiração e o barulho da saliva deslizando pelos lábios, além de muita imaginação do que pode estar por vir. E, quando o assunto é imaginação, quem entra em ação são os lobos frontais. A figura da página 82 mostra os pontos onde acontece a percepção cerebral do cheiro e do gosto durante o contato íntimo que o beijo proporciona.

Um beijo verdadeiramente bom sempre será inesquecível. Esse ato determina o início do contato íntimo de uma forma tão marcante que se torna a assinatura de um relacionamento. Com toda a importância do beijo, você pode estar se perguntando se o cérebro percebe que os atores não se beijam de verdade no cinema e na televisão.

Essa dúvida foi objeto de um estudo realizado no Lafayette College, nos Estados Unidos, pelo psicólogo Wendy L. Hill e por um de seus alunos. Juntos, eles compararam os níveis de ocitocina ("hormônio do amor") e cortisol ("hormônio do estresse") em quinze casais heterossexuais enquanto se davam as mãos e conversavam e nos momentos anteriores e posteriores a um beijo. Diferentemente do esperado, os pesquisadores observaram que o nível de ocitocina aumentou somente nos homens. Nas mulheres, houve uma queda desse hormônio após o beijo e enquanto conversavam de mãos dadas. A hipótese levantada pelos autores é a de que as mulheres provavelmente precisam de mais do que um beijo para se sentirem conectadas ao parceiro. Talvez elas necessitem de um clima mais romântico, distinto daquele em que o beijo aconteceu. No entanto, os níveis de cortisol, hormônio que ajuda o organismo a controlar o estresse, diminuíram em ambos os sexos, mostrando que o ato de beijar pode realmente reduzir o estresse.

Quando eu trabalhava no programa matinal diário *Encontro*, à época apresentado pela Fátima Bernardes, na TV Globo, sempre era abordado um tema específico. Semanalmente, às terças-feiras, tinha a oportunidade de conversar com convidados, bem como com o público do país inteiro por meio da transmissão ao vivo.

Durante os intervalos comerciais ou até mesmo antes de o programa começar, tive muitas conversas casuais sobre temas pertinentes ao foco deste livro, a neurociência do amor. Em 20 de dezembro de 2016, também durante uma participação minha em um programa de TV, conversei com o ator Murilo Benício sobre a questão do beijo entre atores.

"Eu acho que, antes de tudo, devemos ter uma postura profissional", disse ele. "Tanto é que o primeiro beijo que eu dei na Débora (Falabella, que era sua esposa naquele momento), na minissérie *Nada será como antes*, foi completamente técnico. Com o passar do tempo, a gente percebeu que não precisava mais dar beijo técnico. Não podíamos esquecer que aquilo era trabalho, mas o fato é que, até o final da minissérie, a gente se confundia muito. É interessante. É um pouco doida essa coisa dos comandos da cabeça." Essa resposta ainda deixa uma pergunta no ar: Você conseguiria se relacionar tecnicamente, numa cena, com a pessoa que você ama e deseja?

Os resultados de uma ampla pesquisa sobre o comportamento sexual do brasileiro, denominada "Mosaico 2.0", realizada pelo Instituto de Psiquiatria do Hospital das Clínicas da Faculdade de Medicina da Universidade de São Paulo e coordenada pela psiquiatra (e minha amiga) dra. Carmita Abdo, tornaram evidentes as diferentes opiniões de homens e mulheres em relação ao ato sexual, como mostram as informações nas páginas a seguir, mas mesmo assim existe um consenso sobre a importância do sexo no relacionamento.

O comportamento sexual passa por três etapas principais: a libido, a excitação com o ato sexual ou a masturbação e o orgasmo. Quando esse processo biológico é realizado com amor, o cérebro gratifica a pessoa com um quarto estágio, trazendo uma sensação agradável e duradoura, que costumo chamar de "energia residual". Essa energia é gostosa e saudável e provoca bem-estar e sensações de pertencimento e plenitude. Ela torna a vida a dois "um tesão".

A primeira etapa do comportamento sexual, a libido, está relacionada ao desejo de contato íntimo. Nesse momento, hormônios (testosterona, estrógeno e prolactina) podem interferir, aumentando ou diminuindo a vontade de ter relação sexual. Trata-se de um fenômeno mediado pelas vias neurais dopaminérgicas ligadas ao mecanismo de recompensa, que, além de mediar a libido, controla o orgasmo. A prolactina é secretada pela hipófise, glândula que fica no cérebro, e sua liberação é constantemente inibida pela dopamina, uma influência negativa à libido.

Seis em cada dez mulheres podem sofrer alterações da libido ao longo da vida. Apesar de ser um número expressivo e de relacionamentos chegarem ao fim por causa dessas alterações, poucas mulheres recebem tratamento adequado.

PESQUISA MOSAICO 2.0

Programa de Estudos em Sexualidade (ProSex)
do Instituto de Psiquiatria (IPq) – HC/FMUSP

3 mil
participantes

18 a 70 anos,
divididos em cinco faixas etárias

7 regiões metropolitanas:
São Paulo, Belo Horizonte, Rio de Janeiro, Salvador, Belém, Porto Alegre e Distrito Federal

Atividade sexual é importante ou muito importante para

95,3%:

HOMENS: 96,2%
MULHERES: 94,5%

Número ideal de relações sexuais por semana:

6,5 relações
HOMENS

4,6 relações
MULHERES

Número real de relações sexuais por semana:

3 relações

HOMENS

2 relações

MULHERES

Preocupações sobre o sexo:

HOMENS

não satisfazer a parceira

MULHERES

contrair doenças

Fonte: Jornal da USP

Nas últimas décadas, a libido feminina se tornou foco de estudos científicos, e um medicamento que trata esse problema, a flibanserina, foi aprovado pela Food and Drug Administration (FDA) em 2015. Esse remédio regula os níveis de dopamina no cérebro e, consequentemente, aumenta a libido feminina. Em outras palavras, essa medicação não age por meio de uma suplementação hormonal, como os cremes de testosterona, mas atua diretamente no cérebro, influenciando o comportamento da mulher.

Na segunda etapa do comportamento sexual, a excitação, são ativados os mecanismos que regulam a ereção peniana e a lubrificação vaginal, preparando as genitálias para o ato sexual propriamente dito. Nesse momento, o sistema nervoso autônomo parassimpático desempenha um papel importante, promovendo relaxamento e sensações prazerosas.

Já a terceira etapa do comportamento sexual engloba o clímax e o orgasmo. No homem, o sistema nervoso autônomo simpático entra em ação e viabiliza a ejaculação. A figura a seguir mostra as substâncias envolvidas nas três etapas sexuais do homem:

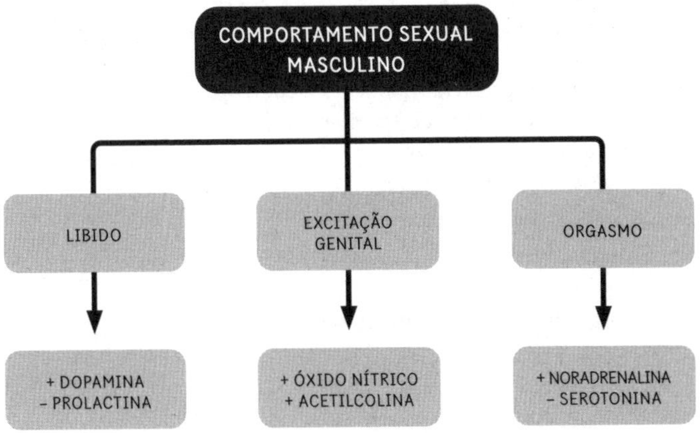

Na quarta etapa, por fim, atua a ocitocina, hormônio capaz de modular o cérebro e manter as pessoas conectadas amorosamente. É por isso que o toque e o carinho físico são tão importantes para manter a união do casal e, inclusive, criar expectativa para a próxima relação sexual. A figura nas páginas a seguir mostra a ação da ocitocina no cérebro.

De muitas formas, a ocitocina, produzida no cérebro, é considerada o hormônio do amor. Ela é transportada pelos axônios dos nervos hipotálamo-hipofisários, levada em pequenas vesículas envoltas por uma membrana. Essas vesículas ficam armazenadas nos terminais nervosos próximos aos leitos capilares na neuro-hipófise até a sua secreção para a corrente sanguínea. A ocitocina também age nos tecidos periféricos, principalmente útero, placenta, tecido amniótico, corpo-lúteo, testículos e coração.

A SUBSTÂNCIA DOS RELACIONAMENTOS

Produzido no cérebro, o hormônio ocitocina desencadeia reações ligadas à confiança e à formação de laços afetivos.

HIPOTÁLAMO: A OCITOCINA É PRODUZIDA NO HIPOTÁLAMO.

DOPAMINA: A OCITOCINA PROVOCA A LIBERAÇÃO DE DOPAMINA, UM NEUROTRANSMISSOR ASSOCIADO A SENSAÇÕES DE PRAZER E BEM-ESTAR.

SEROTONINA: A OCITOCINA PROVOCA A LIBERAÇÃO DE SEROTONINA, UM NEUROTRANSMISSOR RESPONSÁVEL POR DIMINUIR A ANSIEDADE.

MAMA: durante a amamentação, a ocitocina é responsável pela ejeção do leite. O hormônio também acalma a mãe e aumenta seu foco para o bebê, graças à liberação de serotonina e de dopamina.

ÚTERO: a ocitocina é responsável pela contração do útero durante e após o parto.

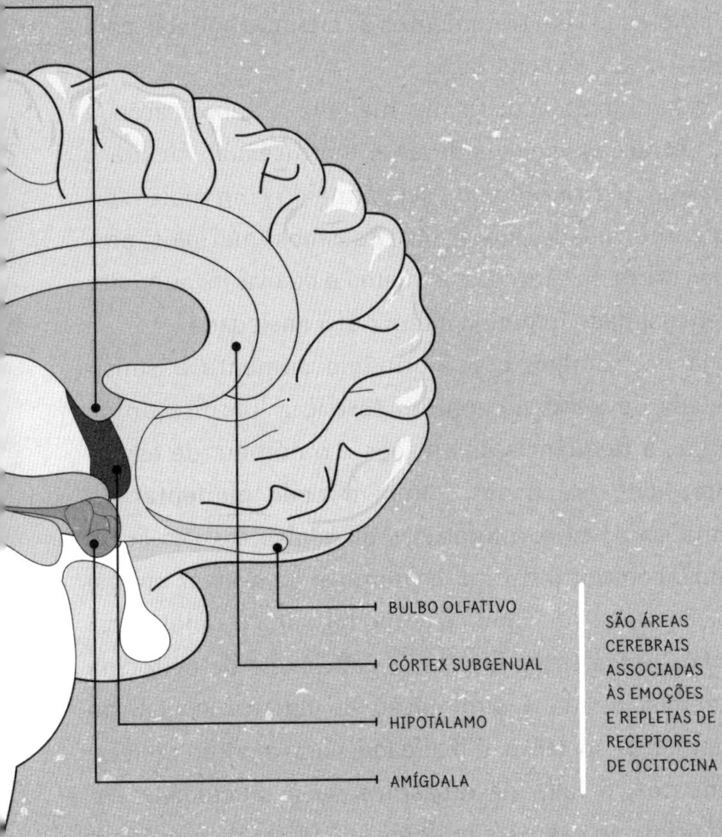

Imagem: Shutterstock

Entre seus efeitos psicossociais, a ocitocina estimula a amizade e laços mais profundos, tornando as pessoas mais carinhosas, confiantes e capazes de apreciar a companhia dos outros. Isso foi verificado não só entre seres humanos, mas também em animais domésticos. Além disso, ela pode melhorar o humor, deixando as pessoas mais simpáticas e acolhedoras, e reduzir a ansiedade, especialmente em encontros sociais. É, inclusive, empregada em tratamentos de crianças autistas para melhorar sua sociabilização.

Na mulher, a ocitocina melhora a lubrificação e as contrações vaginais durante o ato sexual, facilita o orgasmo, permitindo que seja atingido com mais rapidez e intensidade, possibilita orgasmos múltiplos, protege contra os cânceres de mama e de ovário, aumenta a sensualidade feminina e diminui a ansiedade.

Já no homem, esse hormônio aumenta a sensibilidade do pênis ao contato sexual, a lubrificação da glande, a frequência de ereções e o número de espermatozoides ejaculados. Também pode aumentar de forma saudável o volume das glândulas sexuais acessórias, como a próstata, e promove bem-estar após a relação sexual, deixando o corpo relaxado e sonolento.

Por todos esses fatores, a deficiência de ocitocina está relacionada à diminuição do apetite sexual, ao isolamento social, à dificuldade para manter relacionamentos, à falta de orgasmos ou à dificuldade em atingi-los, no caso das mulheres, e à falta de ereção ou ejaculação, no caso dos homens. Hoje em dia, é comum o uso de antidepressivos que podem diminuir os níveis de ocitocina, prejudicando o desejo sexual, a excitabilidade e o prazer durante o orgasmo.

Porém, existem formas naturais de elevar os níveis de ocitocina, como contato físico, atividade física, alimentação saudável, sexo, amor e paixão. Em casos de deficiências mais graves, é necessária a suplementação desse hormônio, que deve ser prescrita por um médico especializado.

NEURODICAS

Certos nutrientes são considerados afrodisíacos e podem ajudar a promover uma vida sexual mais saudável. São eles:

- **Cacau:** os polifenóis presentes no cacau, em especial os flavonoides, são responsáveis pelo aumento de óxido nítrico e, consequentemente, pela vasodilatação.
- **Banana:** rica em triptofano, melhora a sensação de prazer e bem-estar, além de ser uma fonte do complexo B, que está envolvido na produção de hormônios sexuais.
- **Café:** principal fonte de cafeína, esse estimulante promove o aumento da frequência cardíaca.
- **Gengibre:** é considerado um afrodisíaco na medicina árabe e estimula o sistema circulatório.
- **Pimenta:** fonte de capsaicina, pode desencadear reações semelhantes às produzidas durante o sexo, acelerando os batimentos cardíacos, esquentando o corpo e melhorando a circulação sanguínea, além de provocar a liberação de endorfinas que aumentam o prazer.
- **Mel:** rico em vitaminas do complexo B, auxilia na produção de testosterona.
- **Ostra:** fonte de zinco que auxilia na espermatogênese e na produção de testosterona.

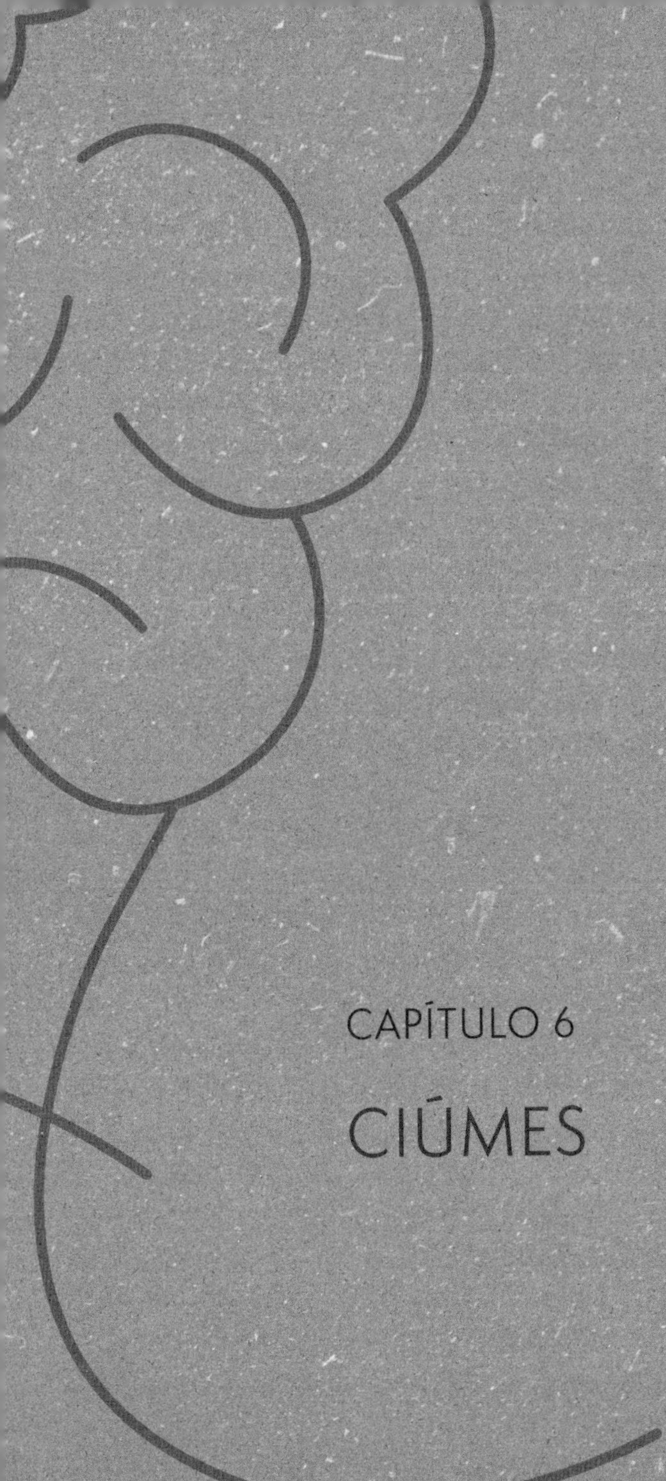

CAPÍTULO 6

CIÚMES

O namoro é a fase colorida do relacionamento, que mistura as sensações de conquista, desejo e deleite. É um período de muitas expectativas, mas também de muitos medos. Se a luxúria e a paquera são a infância de um relacionamento, o namoro equivale à adolescência.

Por convenção, o namoro começa quando dois indivíduos assumem entre si que estão em um relacionamento. Não há documentos nem contratos. O compromisso, como se dizia antigamente, é no "fio do bigode".

Os apaixonados mais sortudos veem toda a sua paixão ser correspondida. Escrevo "sortudos" porque não existe um termômetro que meça a quantidade de amor em um relacionamento. Há apenas indícios comportamentais capturados inconscientemente pelos próprios parceiros e por amigos e familiares. No entanto, existem escalas mentais validadas pela ciência, capazes de auxiliar na classificação do tipo de amor que está sendo experimentado. Pode parecer estranho, mas existem, sim, diferentes tipos de amor. E, quando os dois parceiros apresentam o mesmo tipo de amor e estão reciprocamente apaixonados, a afinidade é muito maior, pois cria-se um ambiente favorável para a química do amor.

Freud foi pioneiro no campo da neurociência ao dar importância ao estudo do amor ainda na primeira metade do século 20, mas foi só a partir da década de 1960 que a psicologia passou a se preocupar com a classificação do amor. Em 1998, o antropólogo Alan John Lee descreveu seis tipos de relacionamento amoroso, sendo três principais (Eros, Ludus e Estorge) e três secundários (Ágape, Pragma e Mania).

Eros é o amor romântico e apaixonado. Ele é saudável, seguro, erótico e prazeroso. Não é possessivo e não existe receio na entrega ao parceiro. Ludus é o amor sedutor, com foco no jogo da sedução e na liberdade sexual. É uma forma de amor momentânea e descompromissada, em que os indivíduos são capazes de amar mais de uma pessoa ao mesmo tempo. Já Estorge, o terceiro dos principais tipos, é o amor companheiro, proveniente de uma amizade que depois de muito tempo se transforma em um romance. O mesmo jeito de pensar e interesses em comum são os principais elementos desse tipo de amor.

Entre os tipos secundários, Ágape é o amor que transcende, de caráter altruísta, incondicional e sem egoísmo. Aqui, a preocupação real é ajudar o parceiro a resolver seus problemas. É uma fusão dos amores Eros e Estorge. O tipo de amor Pragma é marcado por um relacionamento estratégico desde o princípio, em que, com bom senso, os indivíduos avaliam racionalmente os prós e os contras da união amorosa antes que ela se desenvolva. Há uma análise das características do pretendente para verificar se atenderão às expectativas. É a fusão dos amores Ludus e Estorge. Por fim, no último tipo, Mania, o amor é experimentado como uma emoção obsessiva, capaz de dominar os pensamentos e as atitudes do indivíduo. Existe a cobrança de atrair a atenção do parceiro a todo momento e envolve sentimentos como o ciúme e a possessividade. É a fusão dos amores Eros e Ludus.

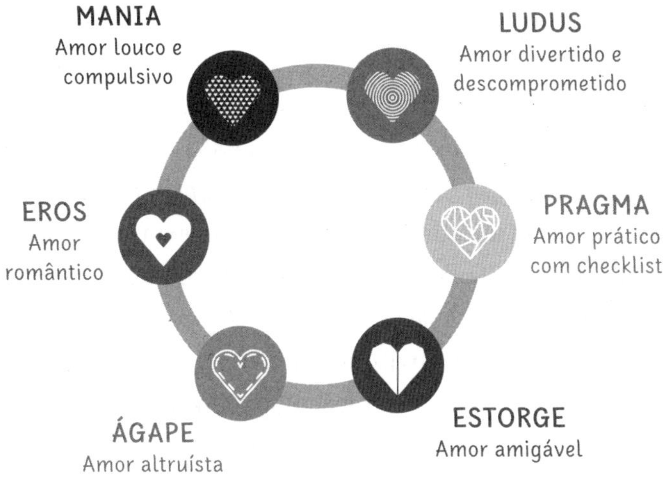

A partir da década de 1980, os psicólogos passaram a usar escalas, como a Love Attitudes Scale.[2] Com isso, ficou mais fácil detectar as diferentes formas de amar.

---

2 Trata-se de um questionário com 42 itens desenvolvido para medir atitudes em relação ao amor. Ele combina atitudes em relação ao parceiro atual/recente/hipotético com atitudes em relação ao amor em geral. A escala é dividida em seis subescalas (sete itens cada), cada uma representando um estilo de amor diferente. Os participantes respondem a cada item usando uma escala de 5 pontos, variando de 1 (concordo totalmente), 2 (concordo moderadamente), 3 (neutro), 4 (discordo moderadamente) e 5 (discordo totalmente). Para saber mais: https://backend.fetzer.org/sites/default/files/images/stories/pdf/selfmeasures/Different_Types_of_Love_LOVE_ATTITUDES.pdf.

Por convenção, determinou-se que o amor se torna patológico quando praticamente só causa sofrimento. No amor patológico, existe, por parte de um dos parceiros, um excesso de cuidado com o outro, que é eleito prioridade principal de sua vida. Nesses casos, atividades e interesses anteriores ao relacionamento são completamente ofuscados.

Uma pesquisa comparou os comportamentos de 50 indivíduos portadores de amor patológico e 39 indivíduos sadios. O resultado apontou que pessoas que amam de forma patológica são impulsivas, não encontram limites para as suas atitudes e mantêm relacionamentos amorosos não satisfatórios. Nessa situação, existe um apego associado aos tipos de amor Mania e Ágape.

A escala Love Attitudes também foi aplicada nos alunos do curso de neuropsicologia do Núcleo de Estudos Prof. Dr. Fernando Gomes Pinto, num processo pedagógico coordenado por mim e pela neuropsicóloga Camila Santos Cechi. Nesse estudo, utilizamos a versão da escala traduzida para o português e validada por Berti e colaboradores em 57 alunos de 20 a 62 anos, sendo 53 do sexo feminino e 4 do sexo masculino.

Ao longo do processo, notamos que os participantes que estavam em início de relacionamento, apenas “ficando” com o parceiro, apresentaram tipos variados de amor, divididos de forma equilibrada, conforme o gráfico a seguir:

"FICANDO"

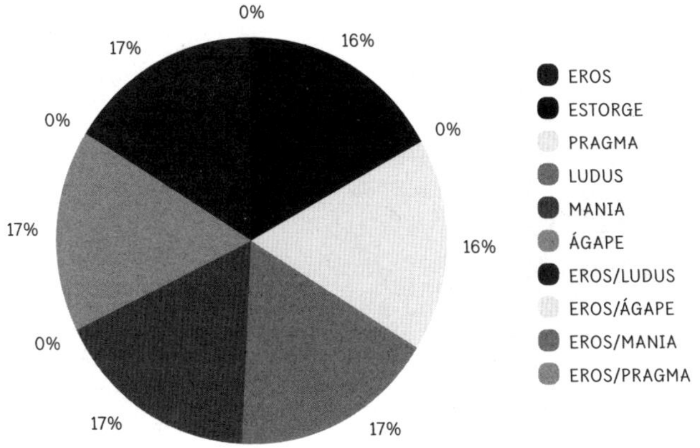

Os participantes que estavam na fase do namoro apresentaram, na maior parte, o tipo de amor Eros (43%); contudo, o tipo Estorge também se mostrou bastante presente (29%).

NAMORO

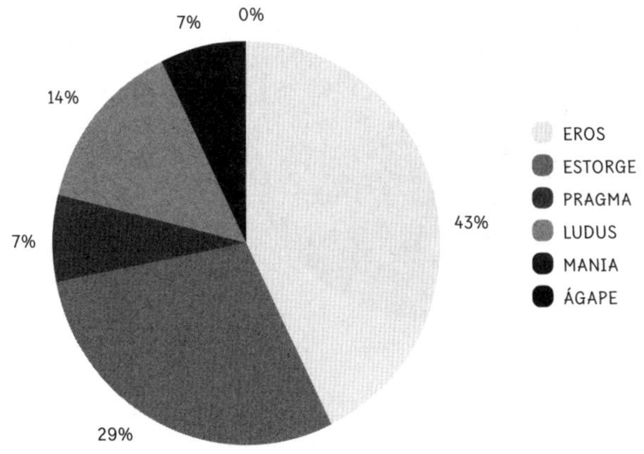

CASAMENTO

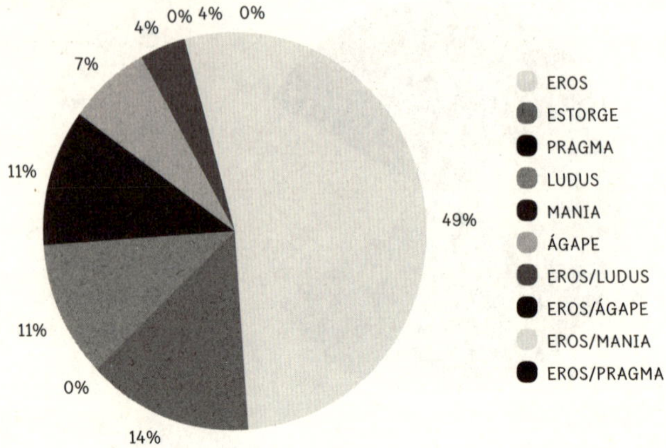

SOLTEIROS

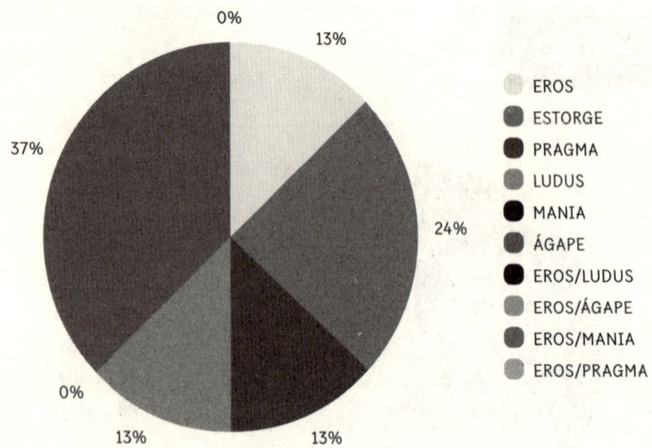

Entre os participantes casados, pôde-se observar um aumento da ocorrência do amor Eros (49%) e uma menor quantidade do amor Estorge (14%). Cabe ressaltar ainda que, quanto maior o tempo de relacionamento, maiores as chances de existir o amor do tipo Eros. Em casamentos de seis a dez anos, as chances são de 50%, de onze a vinte anos, de 56%, e acima de vinte e um anos, de 63%.

Por fim, entre os participantes solteiros, os tipos de amor predominantes foram Estorge (25%) e o combinado Eros/Ludus (38%).

O ciúme é um sentimento normal, que gira em torno do receio de perder a atenção exclusiva de alguém considerado especial. Ele traz uma sensação de desconforto e um medo específico de que o parceiro, a pessoa que tem a chave para ligar o seu circuito de prazer cerebral, forme um vínculo com outra pessoa, podendo vir a dar preferência a esse novo parceiro. Para haver ciúme, é necessário que, antes, existam amor e desejo. Trata-se de um sentimento secundário, que precisa ser precedido pelo apego. Muitas pessoas até dizem que o ciúme pode ser um bom sinal, pois significa que há amor, preocupação e carinho. Veja a seguir como funciona o circuito do ciúme:

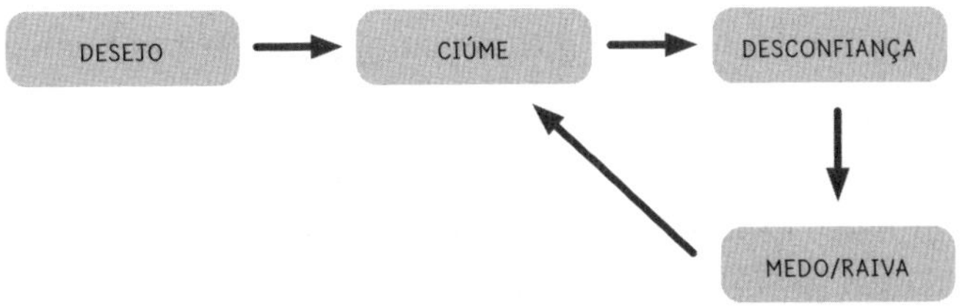

Um pouco de ciúme pode, sim, temperar o relacionamento, desde que não seja provocado intencionalmente. A estratégia de prender a atenção do seu parceiro mostrando a ele como outras pessoas desejam você pode até funcionar por algum tempo, mas é um veneno para o relacionamento.

O ciúme pode evoluir para a desconfiança quando existe o medo de que a formação de um novo elo com outra pessoa já seja um fato. Isso também é natural, mas traz um sentimento tóxico que provoca ansiedade.

O ciúme patológico, também conhecido como síndrome de Otelo, provoca prejuízos sociais em decorrência de comportamentos destrutivos causados pela desconfiança. Esse distúrbio neuropsiquiátrico provoca a sensação de angústia e faz com que a fantasia de uma possível traição ganhe proporções descabidas. No caso de um choque emocional, como flagrar o parceiro em um momento de contato físico íntimo com outra pessoa, o sistema límbico cerebral ficará temporariamente desgovernado, permitindo que a pessoa tenha comportamentos altamente agressivos. Os crimes passionais acontecem nessas circunstâncias, nas quais o desequilíbrio emocional do sistema límbico prejudica o controle inibitório normalmente exercido pelos lobos frontais. O cérebro de uma pessoa ciumenta funciona de forma diferente. O giro do cíngulo, onde também se dá a percepção do desconforto das dores físicas, fica mais ativo. Nos homens, as amígdalas e o hipotálamo também têm maior atividade, aflorando comportamentos agressivos e sexuais. Na mulher, a região mais ativa é a porção posterior do giro temporal superior, o que aguça a percepção das emoções de outras pessoas. Um estudo publicado na revista científica *Emotion* em 2015 mostrou que indivíduos que tiveram o lobo frontal esquerdo submetido a estimulações elétricas transcranianas sentiram mais ciúme quando foram deixados de lado pelo parceiro desejado do que aqueles que tiveram o lobo frontal direito estimulado. Concluiu-se, então, que o ciúme envolve um padrão assimétrico da atividade cortical frontal. Estudos parecidos sugerem que a estimulação magnética transcraniana pode ser uma opção para o tratamento do ciúme. Outra estratégia para controlar o ciúme extremo são sessões de psicoterapia comportamental.

Nos casos de síndrome de Otelo, a busca por uma causa orgânica, como uma lesão cerebral, faz parte da investigação diagnóstica e do tratamento. Em 2015, tratei um paciente que havia sofrido um traumatismo cranioencefálico grave em um acidente, apresentando uma lesão cerebral difusa. No decorrer dos meses, já em casa, ele passou a apresentar sintomas de ciúme patológico. Em seus delírios, tinha certeza de que a esposa o traía com os fisioterapeutas que o ajudavam na sua reabilitação. Com exames de neuroimagem, detectamos uma hidrocefalia, o acúmulo de líquido dentro do cérebro, que havia surgido como sequela após o acidente. Depois de uma cirurgia para tratar o problema, o paciente melhorou clinicamente e as crises infundadas de ciúme cessaram.

ATENÇÃO!

Estabelecer a diferença entre crimes passionais e crimes de ódio de gênero, como os feminicídios, é crucial para a compreensão das dinâmicas de violência contra as mulheres. Enquanto os crimes passionais geralmente estão fundamentados em emoções intensas, como ciúme, os crimes de ódio de gênero são motivados por uma animosidade mais profunda e estrutural em relação às mulheres, caracterizando-se como expressões de misoginia. O ciúme, muitas vezes, é impulsionado por fatores sociológicos mais do que neurobiológicos, refletindo normas culturais e sociais que perpetuam a desigualdade de gênero. Além disso, quero alertar sobre os relacionamentos tóxicos e abusivos, que podem ser confundidos com um comportamento ciumento considerado "natural". Reconhecer essas nuances é vital para a prevenção da violência de gênero e para a promoção de relacionamentos saudáveis e respeitosos.

NEURODICA

Para controlar o ciúme, converse muito com o parceiro, para que não exista nenhum mal-entendido. Como o ciúme ativa o medo e a raiva, duas emoções primitivas, são maiores as chances de ocorrerem brigas e discussões.

A angústia também aparece e fica presente até que o circuito vicioso seja desfeito, em muitos dos casos, com o fim do relacionamento.

CAPÍTULO 7

MONOGAMIA E TRAIÇÃO

O comportamento monogâmico favorece a organização social em famílias nucleares simples. Nesse modelo, a figura paterna, a figura materna e os filhos coabitam o mesmo lar. A homossexualidade não modifica esse padrão, mas a poligamia, sim. Em culturas que a adotam, a estrutura familiar organiza-se de maneira diferente e sem culpas.

Em outra participação no programa *Encontro com Fátima Bernardes*, conversei, durante os intervalos, com o sertanista José Carlos Meirelles. Ele nasceu em Ribeirão Preto, em 1948, numa família de desbravadores de florestas e criadores de gado. Em 1970, largou a engenharia para se dedicar à Funai (Fundação Nacional dos Povos Indígenas) e tornou-se um dos principais mentores da política de preservação do isolamento de etnias não interessadas no contato com outros povos. Ele também integrou a Coordenadoria dos Povos Indígenas Isolados e de Recente Contato da Funai e coordenou a Frente de Proteção Etnoambiental do rio Envira, no Acre. O tema da nossa conversa foi o amor.

Primeiro, perguntei a ele sobre a sua percepção do amor e do relacionamento a dois nos povos indígenas.

"Não tem muita diferença, pois estamos falando de coisas universais", explicou ele. "Algumas sociedades, porém, têm organizações familiares diferentes da nossa, nas quais um homem pode ter duas ou três mulheres, por exemplo, ou uma mulher pode ter dois ou três maridos. E isso não quer dizer que o marido não ame todas as suas esposas. Normalmente, em alguns grupos que conheço, o homem se casa com uma mulher e depois se casa com a irmã mais nova da sua esposa."

Questionei, então, se existe um aspecto romântico no casamento poligâmico indígena ou se ele consiste somente em uma coabitação. Meirelles me explicou que na poligamia, um homem casado com mais de uma mulher, e na poliandria, uma mulher casada com mais de um homem, existe, sim, amor entre casais, ainda que a sexualidade seja mais livre nas sociedades indígenas. Além do amor entre os casais, existe o amor familiar, da mulher para com os filhos, por exemplo.

Na sequência, indaguei sobre o entendimento dos indígenas sobre traição, e ele explicou que esse conceito também existe na sociedade indígena. "Uma moça solteira tem certa liberdade até casar, o que geralmente acontece entre os 10 e os 16 anos. Quando uma moça solteira engravida, o que é raro, as mães se incumbem de administrar anticoncepcionais naturais ou plantas abortivas, pois uma criança não pode nascer sem identidade, ou seja, é indispensável que o filho tenha um pai e uma mãe, principalmente em grupos em que a descendência é estabelecida pela paternidade."

Por fim, perguntei se os mais idosos chegam à idade média de 60 a 70 anos. "É difícil dizer", respondeu ele. "Alguns vivem bastante e notamos a idade pela cor esbranquiçada do cabelo. Eu conheci casais que viveram juntos por mais de cinquenta anos."

Nossa conversa sobre a sociedade indígena brasileira foi uma grande aula para mim. Descobri, por exemplo, que os indígenas raramente beijam na boca, mas um casal demonstra contato físico e se abraça, por exemplo. A relação sexual é muito privada, e o amor é respeitado e aproveitado.

A preocupação em relação à monogamia sempre existiu, e não somente por ciúme. De certa forma, a manutenção do *statu quo* é prejudicada por relacionamentos extraconjugais. As traições e os seus desdobramentos, como filhos fora do casamento, por exemplo, podem interferir na estrutura socioeconômica construída por um casal, alterando a partilha de bens conquistados e de herança e os cuidados com os filhos. Uma traição também pode trazer prejuízos biológicos, através da transmissão de doenças venéreas, e prejuízo emocional, com a carência de atenção e uma possível perda do sentido de manter o relacionamento.

Há dez anos, pequenos roedores americanos conhecidos como arganazes-do-campo se tornaram importantes em uma pesquisa experimental sobre monogamia, já que os casais cuidam dos filhos e ficam juntos durante toda a vida.

A relação começa após o primeiro encontro sexual entre macho e fêmea, no qual o casal tem mais de vinte acasalamentos consecutivos e constrói um ninho.

Após estudos, um grupo de pesquisadores liderados por Thomas Insel, diretor do Centro Regional Yerkes de Pesquisa de Primatas da Universidade Emory, nos Estados Unidos, desvendou o mistério do cérebro desses roedores. Os arganazes-do-campo têm muitos receptores no cérebro para dois hormônios, a ocitocina e a vasopressina. Isso foi percebido quando os espécimes foram comparados a arganazes-do-prado, que não são monogâmicos. Durante a pesquisa, genes que produzem receptores de vasopressina (hormônio antidiurético) foram inseridos no cérebro dos arganazes-do-prado, que, a partir de então, começaram a apresentar comportamentos monogâmicos. Já os arganazes-do-campo receberam bloqueadores de ocitocina nas fêmeas e bloqueadores de vasopressina nos machos, o que provocou promiscuidade nos espécimes anteriormente fiéis.

Em outro estudo, publicado no *Journal of Neuroscience*, pesquisadores da Universidade de Bonn, na Alemanha, aplicaram uma dose de spray intranasal de ocitocina em voluntários heterossexuais em relacionamentos estáveis. Observou-se que os indivíduos que receberam a substância se mantiveram, em média, quinze centímetros mais afastados da atraente mulher que interagiu com eles e com outros homens solteiros durante o experimento. Essa resposta não está relacionada a não a terem achado atraente, pois, em um questionário respondido posteriormente, os homens comprometidos consideraram a mulher bonita e simpática da mesma maneira que os solteiros. Os pesquisadores sugeriram que a ocitocina tem um importante papel na preservação dos relacionamentos afetivos, fortalecendo o vínculo entre pessoas próximas e criando desconforto com pessoas estranhas.

Mais um estudo, realizado na mesma universidade, acompanhou as reações causadas pela ocitocina em quarenta homens heterossexuais comprometidos havia no mínimo seis meses. Eles foram divididos em dois grupos, um grupo inalou ocitocina, e o outro, apenas placebo, e viram fotos de suas namoradas e de mulheres desconhecidas. A região do cérebro relacionada ao prazer ficou ativa quando os homens que inalaram o hormônio viram a namorada, mas não quando se depararam fotos de mulheres desconhecidas. Os autores do estudo acreditam, com isso, que a ocitocina pode levar a uma preferência pelas pessoas com quem já mantemos um relacionamento.

Esses estudos são interessantes, mas não explicam completamente o comportamento humano. Durante o ato sexual, o homem e a mulher produzem vasopressina e ocitocina, respectivamente, em maior quantidade. A ocitocina colabora para as intensas contrações musculares orgásticas no pênis, no útero e na vagina, além de provocar bem-estar e favorecer a manutenção do vínculo, mas não é capaz de tornar os seres humanos fiéis como são os arganazes-do-campo.

Um trabalho publicado na revista *Evolution & Human Behaviour* apontou que a infidelidade pode ser hereditária. O pesquisador Brendan Zietsch e sua equipe da Universidade de Queensland, na Austrália, entrevistaram 7 mil pares de gêmeos finlandeses idênticos e não idênticos, entre 18 e 49 anos, que estavam em relacionamentos estáveis. O estudo revelou que 10% dos homens e 6,4% das mulheres haviam traído seus parceiros no ano anterior à pesquisa e que 63% da infidelidade masculina e 40% da infidelidade feminina podiam ter origem genética. Alterações no gene *AVPRIA*, relacionado à produção de arginina vasopressina, hormônio responsável pelo comportamento social, foram apontadas como causas da infidelidade feminina.

A pesquisa Mosaico 2.0, já citada e conduzida pela psiquiatra Carmita Abdo, entrevistou 3 mil participantes em cinco regiões metropolitanas, com idades entre 18 e 70 anos. Cerca de 50,5% dos homens admitiram já ter traído um parceiro; entre as mulheres, o número caiu para 30,2%. Somando homens e mulheres, a média de infidelidade é de 40,5%.

Quando questionados sobre o assunto, os homens parecem considerar que a traição é parte da natureza masculina. As mulheres, em geral, atribuem a infidelidade à insatisfação sexual e afetiva no seu relacionamento. Contudo, os pesquisadores acreditam que maior autonomia e níveis socioeconômico e intelectual mais elevados têm um forte impacto na sexualidade feminina, inclusive no que diz respeito à fidelidade.

Atualmente, relacionamentos amorosos sequenciais são muito aceitos e colaboram para a organização social e familiar. Quando se discute monogamia, a maior preocupação recai sobre relacionamentos paralelos simultâneos, geralmente vividos em segredo.

A solução comportamental que tem sido cada vez mais debatida e, em vários casos, aplicada pelos casais é o estabelecimento de regras para que se possa manter um relacionamento aberto. Nesse modelo, a aproximação de outras pessoas é permitida. A relação sexual pode ser compartilhada entre três ou mais pessoas, visando a satisfazer os desejos físicos, mas preservando a união sentimental do casal.

No entanto, a preocupação com a traição e a monogamia pode não ser algo unânime. Uma pequena parcela da população entrevistada na pesquisa Mosaico 2.0 – cerca de 3,4% dos homens e 2,6% das mulheres – disse não ter definido um acordo de exclusividade com os seus parceiros.

NEURODICA

Conversar com o parceiro sobre desejos e vontades é fundamental para uma relação sadia e duradoura.

CAPÍTULO 8

GERENCIAMENTO DE LUCROS E CONFLITOS

Em 2018, no livro *O cérebro ninja: aprenda usar 100% do seu cérebro*, apresentei o método ASAS para viver melhor e ser mais feliz. Basicamente, ele consiste em manter o cérebro permanentemente atento a quatro fatores, garantindo um melhor funcionamento do corpo e, como consequência, da mente. Nesse acrônimo, cada letra representa um fator:

A Alimentação saudável

S Sono reparador

A Atividade física regular

S Sonhos e metas pessoais

Todos esses fatores são importantes na manutenção das cinco principais áreas da vida contemporânea: trabalho, família e relacionamentos, saúde física, equilíbrio financeiro e lazer. Na organização mental de nossas vidas, devemos imaginá-la como uma estrela de cinco pontas, em que cada uma representa uma das áreas principais. Assim, fica mais fácil perceber que uma vida harmônica somente pode ser experimentada com a consciência de todos esses domínios.

Assim como os outros fatores, os relacionamentos sociais são fundamentais para a felicidade. Envolver-se em um relacionamento amoroso é opcional. Antes de tudo, essa escolha depende de cada indivíduo, e não de um eventual parceiro. Porém um relacionamento amoroso traz uma sensação de plenitude e, com isso, a vida flui melhor, mesmo que existam alguns problemas na relação.

A inteligência interpessoal é um fator muito importante para possibilitar o início de uma história de amor. Essa habilidade nos permite perceber por que o outro nos agrada e entender o que o nosso potencial parceiro pensa e quer. É sempre uma boa estratégia ter um bom relacionamento com todas as pessoas, sejam familiares, amigos, colegas, conhecidos ou estranhos, em todos os ambientes que você frequenta.

Em um relacionamento, é essencial gerenciar junto com o parceiro todas as delícias e as ansiedades de cada período de transição, pois isso pode favorecer a divisão dos "lucros" da união. Por exemplo, a chegada de filhos traz uma grande alegria, mas ao mesmo tempo é um desafio e tanto para o relacionamento.

Os conflitos e as diferenças entre os parceiros são normais e podem temperar a vida. Não são eles os grandes vilões que desgastam a união. É a falta de toque, de carinho físico, de contato visual, de elogios sinceros e de atenção especial que causará o distanciamento lento e progressivo de um casal, mesmo que a coabitação force a convivência.

Portanto, um relacionamento precisa de cuidados diários. Como uma planta, deve ser regado regularmente para que possa crescer e dar frutos. O respeito, a paciência e o diálogo são fundamentais.

A empatia, ou seja, a capacidade de se colocar no lugar do outro, precisa ser estimulada, tanto para que se possa compreender melhor o parceiro quanto para desenvolver uma relação equilibrada. É o famoso "Não faça com o outro o que não gostaria que fizessem com você". E, indo além, é importante agir com o parceiro como gostaria que ele agisse com você. Dosar as expectativas e não esperar demais do outro também são estratégias que demonstram inteligência emocional.

No mundo dos negócios, costuma-se buscar uma relação em que todos saiam ganhando, mas essa ideia pode ser estendida para as demais áreas. Em um relacionamento, os dois lados devem expor as suas opiniões e ideias nos momentos oportunos e os diálogos devem ser livres de julgamentos, para que ambos fiquem satisfeitos.

REGIÕES CEREBRAIS DO AMOR

Pesquisas com exames de neuroimagem apontam quais áreas do cérebro estão associadas com o sentimento do amor.

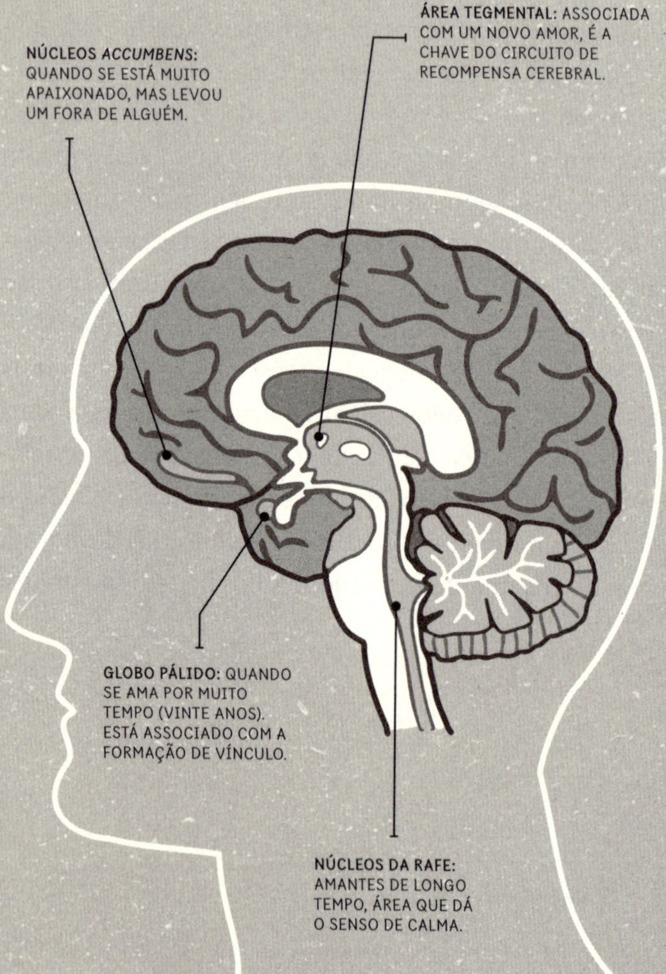

Fonte: Pesquisadora Helen Fisher, Rutgers University

A comunicação é muito importante e deve ser realizada de maneira adequada. Diversas vezes, desentendimentos acontecem em razão de falhas de comunicação, com a escolha de palavras pouco apropriadas e interpretações distorcidas. Por isso, é fundamental se expor e dialogar de modo constante, sobre coisas boas e ruins. Você pode, por exemplo, discordar da opinião do outro, mas o modo como se expressa fará toda a diferença. Uma boa sugestão seria dizer: "Eu entendo a sua decisão, mas gostaria de lhe dizer como eu vejo essa situação, tudo bem?".

Com uma boa comunicação, no momento e contexto adequados, todos sairão ganhando. Se ambos escutam e respeitam a opinião do outro, não haverá desgaste, e, quem sabe, pode-se chegar a uma decisão satisfatória para os dois, o famoso meio-termo.

Uma boa relação promove o aprendizado e o autoconhecimento e melhora a autoestima. Os relacionamentos de longo prazo, em especial, tendem a provocar uma sensação calmante por acionarem os núcleos da rafe no tronco encefálico. Além disso, sabemos que amar e ser amado acalma, faz bem e ajuda a equilibrar as outras quatro pontas da estrela mencionada anteriormente.

NEURODICA

Qualquer relacionamento amoroso passa por algumas fases previsíveis: paixão, romance, amor companheiro e, em alguns casos, ruptura. Por isso, é importante estar atento e ser receptivo a todos os momentos, vivendo-os da forma mais honesta possível.

CAPÍTULO 9

SINCRONIA CEREBRAL E AMOR ETERNO

Em 20 de dezembro de 2016, Amyr Klink, com sua esposa, Marina Bandeira, lançou o livro *Não há tempo a perder* no programa *Encontro com Fátima Bernardes*. O livro é uma reflexão sobre os momentos difíceis que o navegador enfrentou para realizar os seus planos. Na obra, ele nos ensina que, se assumirmos o compromisso de resolver passo a passo cada desafio que o destino nos apresenta, a vida se desenrola. Ele ainda afirma que a pressão pode ser um estímulo para sobrevivermos e realizarmos nossos sonhos.

Durante todo o programa, observei a sincronia mental que existe entre Amyr e Marina e, então, resolvi conversar com eles sobre a experiência de um casal que viveu praticamente em confinamento por muito tempo. Eles compartilham a vida há mais de vinte anos e me contaram sobre sua relação.

"Eu acho que o confinamento em uma casa, no dia a dia convencional, sem a pressão externa de ter a vida da família em constante risco, é muito mais difícil", disse Amyr. "As diferenças ficam mais evidentes em casa. Quando estamos a bordo de um barco, temos tanto cuidado para não errar nada e tantas preocupações com as crianças correndo pelo convés, com a temperatura extremamente fria da água, com as baleias aparecendo em volta, com a possibilidade de ficar sem gasolina, com as velas batendo, que, eu acho, acabamos nos unindo mais. A experiência de vivermos juntos a bordo de um barco tem sido muito positiva para nós. Acho que se ficássemos em casa, assistindo televisão, viveríamos nos estranhando feito cão e gato."

Marina concordou com o marido. Para ela, a situação de risco que existe no barco, em que um sabe que realmente precisa da ajuda do outro, favorece a união entre o casal. "Quando estamos a bordo de uma embarcação, nos sentimos literalmente 'no mesmo barco'. Ali, um depende do outro, e isso acaba por unir as pessoas. Numa situação de conforto, é mais fácil se dispersar. O olhar fica mais voltado para o entorno, e não para o outro. A nossa família passou a ser muito mais unida a partir do momento em que começamos a viajar juntos."

Perguntei, então, se já existiu algum momento de conflito ou alguma situação engraçada da qual se lembravam.

"A Marina é uma superfotógrafa profissional e, é claro, gosta muito de fotografar", começou Amyr. "Mas às vezes ela tira tantas fotos que me incomoda. Um dia, ela estava fotografando do mastro do barco. Estava lá em cima havia horas, clicando baleias, gelo, focas. Em certo momento, eu esbravejei: 'Marina, desce daí, essas fotos não servem pra nada!'. Então, ela começou a chorar. E eu não sabia que a tinha ofendido tão brutalmente. Ela ficou pendurada no mastro por mais algumas horas e, quando desceu, estava certa de que publicaria seus livros de fotos por conta própria."

"Em vez de descer dali e esquecer a fotografia, que não tinha importância para o Amyr, ela passou a ser a minha voz", comentou Marina. "E passei a publicar esse meu olhar, compartilhando-o com tanta gente. Aquele momento de estresse acabou mudando a minha vida."

O exemplo desse casal mostra que morar juntos em situações extremas favorece a vida compartilhada. Esse é o tipo de relacionamento almejado na fase da paixão, mas, na maior parte das vezes, o companheirismo é deixado de lado por causa dos acontecimentos e obrigações da vida comum. Contas a pagar, compromissos com a escola dos filhos, rotinas de trabalho e atividades obrigatórias da vida social são capazes de sufocar e até mesmo minar o relacionamento mais saudável do mundo.

Muitos dizem que a coabitação expõe a intimidade dos parceiros de uma forma que elimina um ingrediente importante e divertido do relacionamento, a expectativa. Por sua vez, uma das maneiras de "curar" a paixão e passar para o amor romântico é trazer o companheiro para bem perto. As opções da vida em conjunto, no entanto, são a graça ou a desgraça, mas a realidade é que, para dividir despesas, otimizar o tempo de convívio e facilitar o cuidado com os filhos, o ser humano sempre preferiu, desde a Idade da Pedra, a coabitação com o núcleo familiar.

Por sua vez, a "convivência forçada" durante o período da pandemia de covid-19, numa situação extrema, coletiva e involuntária, com tensos ingredientes emocionais, como medo, incertezas e privações, provocou impacto no número de divórcios. Em 2022, por exemplo, o Brasil registrou 420.039 divórcios, taxa 8,6% maior do que no ano anterior, quando o número foi de 386.813. Mas também é inegável a existência de muitos relatos de fortalecimento nas relações afetivas pós-covid-19.

Na prática de consultório, vejo pacientes idosos portadores de hidrocefalia de pressão normal (HPN) que transformam o parceiro de longa data em uma espécie de cérebro suplementar.

A HPN tem manifestações parecidas com aquelas da doença de Alzheimer e do mal de Parkinson. O paciente apresenta dificuldade para andar, alteração da memória de curto prazo e incontinência urinária. A enfermidade é causada pelo acúmulo de líquido cefalorraquidiano dentro dos ventrículos cerebrais, configurando a hidrocefalia, que é diagnosticada com exames de imagem, como tomografia de crânio e ressonância magnética de encéfalo com estudo do fluxo do líquido cefalorraquidiano.

Quando o marido ou a esposa é acometido pela doença, o casal geralmente está comemorando décadas de casamento, e, para suprir o déficit neuropsicológico, o paciente passa a utilizar o cônjuge como uma "bengala" cognitiva, pois a deficiência mental é leve no início e pode ser mascarada por um parceiro presente e atuante. Obviamente, essa demonstração de amor ajuda, mas não cura. A reversão do quadro é obtida com uma neurocirurgia para implante de uma prótese de silicone, chamada derivação ventriculoperitoneal. Esse dispositivo direciona o excesso de líquido intracraniano para a cavidade abdominal e, com isso, alivia a tensão do líquido sobre o cérebro, que volta a funcionar melhor.

Embora o amor possa ser de fato a base para um casamento duradouro, ele não sustentará sozinho a relação se não houver admiração, carinho, respeito e confiança, e, principalmente, se não forem aplicados, no cotidiano, dois tipos de inteligência: a interpessoal e a emocional. A primeira se refere à habilidade de entender a outra pessoa e saber abordá-la com a melhor comunicação possível, enquanto a segunda consiste na capacidade de lidar com as emoções e de gerenciar expectativas e pensamentos.

Divergências e discussões são inevitáveis ao longo do casamento, mas seguem em frente os casais que conseguem ponderar, conversar e reconsiderar.

NEURODICAS

1. Escolha um parceiro que gaste como você. Um estudo feito na Universidade de Michigan, nos Estados Unidos, pelo pesquisador Scott Rick e por seus colaboradores, analisou aproximadamente mil adultos, casados e solteiros, e constatou que as pessoas que escolhiam parceiros com um padrão de gastos muito diferente tinham maiores conflitos sobre como administrar as finanças da casa e menor satisfação conjugal no longo prazo se comparados àqueles que gastavam de forma semelhante.

2. Esforce-se para fazer o amor durar. Em um estudo publicado em 2009, na *Review of General Psychology*, pesquisadores analisaram cerca de 6 mil pessoas, incluindo casais com pouco tempo de relacionamento e outros que estavam juntos havia vinte anos. Um número surpreendentemente alto de pessoas ainda estava muito apaixonado pelo parceiro de longa data. Os estudiosos concluíram que o esforço, a dedicação e a devoção constituem os elementos-chave para manter aceso o amor romântico. Esses casais mostraram que se importar verdadeiramente com o relacionamento e conseguir resolver conflitos com tranquilidade foram os comportamentos que mais impactaram na manutenção do amor, independentemente do tempo de duração.
3. Renove o seu casamento. Para algumas pessoas, o segredo das relações amorosas bem-sucedidas é a renovação do casamento, e não a separação e a busca por um novo parceiro. O jornalista e cineasta Arnaldo Jabor costumava dizer, por exemplo, que já estava em seu terceiro casamento: "Eu me casei três vezes com a mesma mulher". Às vezes, é preciso voltar a seduzir, a namorar e a buscar novidades que alterem a rotina.
4. A receita para um amor eterno seria encarar o mesmo casamento, de tempos em tempos, como um novo relacionamento, o que inclui se cuidar para o outro, planejar passeios, fazer elogios e não se deixar acomodar. Do ponto de vista neuroquímico, novas experiências com o mesmo parceiro podem estimular a liberação dos neurotransmissores dopamina e noradrenalina, o que também acontece nos estágios iniciais e mais intensos de um relacionamento.

5. Beba um drinque com seu parceiro. Um estudo da Universidade de Missouri, nos Estados Unidos, constatou que casais que bebem juntos são mais entrosados e se desentendem menos do que parceiros que saem separados, cada um com a sua turma, sempre, é claro, preservando a individualidade.
6. Faça sexo com frequência. Os pesquisadores Michelle Russell e James McNulty, da Universidade do Tennessee, nos Estados Unidos, publicaram um estudo, em 2010, apontando que a atividade sexual frequente pode ajudar na manutenção do casamento. Um trabalho publicado na revista *BJU International* revelou que homens na faixa dos 50 anos estão mais satisfeitos com sua vida sexual do que os homens de 30 a 40 anos. Os cinquentões demonstraram níveis de satisfação similares aos de jovens de 20 a 30 anos.
7. Não espere receber o que o outro não é capaz de oferecer. Muitas vezes, projetamos os nossos desejos e buscamos a nossa satisfação por meio das atitudes do nosso parceiro. Isso não dá certo. É importante lembrar que cada um é responsável pela própria felicidade.
8. Espere a tempestade passar antes de conversar. No calor da discussão, é maior o risco de uma atitude impensada ou de uma colocação mais ríspida, das quais você poderá se arrepender. O melhor a fazer é esperar a poeira baixar para, então, discutir o problema com calma.
9. Use com mais frequência palavras que indiquem parceria, como "nós" e "nosso". Um estudo publicado na revista *Psychology and Aging*, em 2009, mostrou que os cônjuges que usam palavras relacionadas ao casal, como os pronomes "nós" e "nosso", mostram mais afeto quando estão diante de um conflito, menos comportamentos negativos, como raiva, e menor nível

de estresse durante o desacordo. O uso de palavras que expressam individualidade durante a discussão, como "você" e "eu", mostrou-se associado à insatisfação conjugal.

10. Comunique-se de modo claro e positivo. Você pode dizer que não concorda e que não está satisfeito com alguma situação ou acontecimento, mas tente colocar a sua opinião de maneira leve e respeitosa, sem ser destrutivo ou ofensivo.
11. Peça desculpas quando necessário. É preciso ter humildade em um relacionamento e saber reconhecer os próprios erros e fraquezas, sem empurrar para o outro a culpa pelo seu mau comportamento. Desculpe-se sempre que perceber que falhou.
12. Relacione-se bem com os parentes e amigos do seu parceiro. Evite falar mal, fazer intrigas ou forçar o afastamento de pessoas importantes para o seu cônjuge. Nós sempre nos sentimos mais felizes quando convivemos com as pessoas das quais gostamos.
13. Chamar o parceiro por nomes carinhosos e mimá-lo pode funcionar. Pessoas que falam de forma carinhosa com o parceiro podem ser mais românticas do que a média, visto que circuitos importantes relacionados ao apego podem ser ativados e fazer o cérebro liberar mais dopamina e ocitocina.

CAPÍTULO 10

MUDANÇA DE PLANO E SEPARAÇÃO

As pessoas se organizam em duplas para trocar confidências, carinhos íntimos, gestos de amizade, para criar e executar planos, para ter filhos e viver tantas outras experiências que o amor permite.

No entanto – e isso é um fato indiscutível –, os relacionamentos são mutáveis. Mudanças fazem parte do comportamento humano, o que inclui os relacionamentos, independentemente da cultura. Nós mesmos mudamos com o passar do tempo, e, por consequência, nossos desejos e expectativas também mudam. Novas situações e desafios, coisas que nunca imaginávamos ter de enfrentar, podem se tornar realidade.

Nascemos sozinhos e morreremos sozinhos, acompanhados apenas da nossa consciência, mas um relacionamento estável ameniza a sensação de solidão e confere movimento à vida, com o compartilhamento de alegrias e tristezas. Tudo isso é natural.

As mudanças marcam as fases sequenciais existentes em todos os relacionamentos. O comportamento humano em relação ao amor é assim mesmo, mutável, e os processos de aproximação, clímax, manutenção e separação oferecem seus próprios desafios para o cérebro. Áreas cerebrais específicas são acionadas ou inibidas em cada etapa e diferentes neurotransmissores e hormônios prevalecem em cada período.

Algumas fases, por exemplo, são ricas em emoções e sensações físicas, como a paixão. Outras exigem mais dos lobos frontais, como a fase da paquera, na qual se planeja uma estratégia para a conquista e se imagina como é a outra pessoa.

As fases sequenciais de um relacionamento amoroso são a luxúria, a paixão e o romance. Durante a luxúria, muitas pessoas chamam a nossa atenção e despertam o desejo de intimidade física. As substâncias que predominam são os hormônios testosterona e estrogênio, e o principal núcleo cerebral envolvido é a amígdala. Na paixão, uma única pessoa chama a nossa atenção e detém a "chave" para ativar o circuito de prazer no nosso cérebro. As substâncias que predominam durante a paixão são os neurotransmissores dopamina, noradrenalina e serotonina, e os principais núcleos envolvidos são o núcleo *accumbens* e a área tegmental ventral. No romance, quando o relacionamento já pode evoluir para o amor romântico e o amor companheiro, predominam os hormônios vasopressina e ocitocina, e os principais núcleos envolvidos são os núcleos da rafe no tronco encefálico e os gânglios da base.

Infelizmente, a maior parte dos relacionamentos não dura para sempre. E, de modo geral, os rompimentos são experiências muito dolorosas, apresentando aumento dos níveis dos hormônios relacionados ao estresse, como a adrenalina e o cortisol.

Alguns pesquisadores investigaram padrões de atividade cerebral durante a fase de ruptura do relacionamento. Fisher e colaboradores publicaram um estudo no *Journal of Neurophysiology*, em 2010, no qual identificaram, logo após uma separação, o aumento da atividade metabólica cerebral na área tegmental ventral, no corpo estriado ventral, no globo pálido e no putâmen. Todas essas estruturas estão relacionadas ao circuito de recompensa e indicam recompensas incertas e respostas tardias.

Outros pesquisadores publicaram no *American Journal of Psychiatry*, em 2004, uma pesquisa que teve resultados diferentes, apontando uma desativação dessas áreas. Provavelmente, o desencontro aconteceu porque esse estudo foi realizado em fases mais avançadas após o término do relacionamento.

A ruptura amorosa também ativa os lobos frontais, com ênfase no córtex órbito-frontal, que modula o humor, apresentando uma tendência depressiva. Essa área está relacionada aos ajustes comportamentais, favorecendo comportamentos obsessivo-compulsivos, e ao controle da raiva. No período de ruptura, os valores pessoais sobre relacionamentos interpessoais, expectativas com o parceiro e sentido da vida são revistos internamente.

Quando um relacionamento de longa duração acaba em divórcio, os ex-parceiros adotam, por aproximadamente dois anos, novos critérios para futuras aproximações amorosas, visando a evitar supostos erros de conduta ou comportamentos que podem ter sido a causa da separação anterior. Isso é normal, pois, de fato, trata-se de um período de luto semelhante ao experimentado nos casos de perda por morte ou de uma tragédia, conforme descrito pela psiquiatra suíça Elisabeth Kübler-Ross.

O processo de luto é dividido em cinco fases sequenciais: negação, raiva, negociação, depressão e aceitação. E é importante ressaltar que essas etapas são vivenciadas em qualquer separação, independentemente da maneira como se deu, se por escolha de um ou por comum acordo.

Na *fase de negação*, os parceiros se questionam em relação à sua participação no casamento e ao seu comportamento na relação e perguntam-se se têm ou não responsabilidade por aquele relacionamento não ter dado certo. Os pensamentos são sempre repetitivos: "Não consigo acreditar que não deu certo! Por que não deu certo? Se eu tivesse agido de outra forma, poderia ter sido diferente?". Em seguida, na *fase da raiva*, podemos culpar a nós mesmos ou ao outro pelos acontecimentos que levaram ao fim do relacionamento. Os pensamentos mudam, mas permanecem constantes: "Ele(a) não podia ter feito isso comigo. Ele(a) não podia ter me deixado. Eu não deveria ter agido daquele modo. Eu deveria ter sido mais amoroso(a)".

Durante a *negociação*, a pessoa que quis terminar a relação pode fazer promessas à outra, dizendo que um dia poderão tentar outra vez. A pessoa que foi deixada pode tentar insistir na relação, dizendo que mudará comportamentos e posturas.

Já no final do luto, vive-se a *depressão*. Esse é o período mais intenso, em que se compreende que o relacionamento de fato acabou. Trata-se de um momento de muita tristeza pela perda do outro e da estrutura conquistada a dois e pela quebra dos laços. Experimentam-se ainda angústia e ansiedade em relação ao futuro sem o parceiro.

Por fim, chega a *fase da aceitação*, o momento em que se consegue olhar para a frente. Novos planos são feitos, metas são estabelecidas, e o recomeço se torna uma realidade. A pessoa sente-se disponível para uma nova etapa da vida. Nesse momento, o motivo da separação é realmente compreendido e aceito, mesmo que ainda exista um pouco de mágoa ou saudade.

A duração de cada etapa dependerá da pessoa, do motivo da separação e do estresse vivenciado, mas sabemos que a transição mais complexa acontece entre a depressão e a aceitação. Em um processo saudável, a pessoa superará todas as fases e aceitará que a relação terminou, contudo, em alguns casos, pode-se prolongar as etapas ou até mesmo não conseguir avançar para a fase seguinte.

Um indivíduo que não consegue superar todo o processo de luto pode adoecer e desencadear verdadeiros processos patológicos, principalmente quando existe histórico ou predisposição a doenças mentais como estresse crônico, depressão, transtornos de ansiedade, alimentares ou do sono, alcoolismo e dependência química.

O estresse, que é uma reação normal do organismo ao lidar com situações que exigem grande esforço ou causam forte impacto emocional, pode anteceder a separação e prolongar-se durante e após o processo. Vários fatores e momentos podem desencadeá-lo, como a saída de um dos parceiros da casa coabitada, a partilha dos bens ou a luta pela guarda dos filhos. Quanto mais demorado e mais grave é o processo, maiores são os riscos de adoecimento.

Esse é um ponto importante, ao qual devemos estar muito atentos, pois o corpo envia sinais quando não estamos bem. Segundo a psicóloga Marilda Lipp, o estresse também tem alguns estágios. O primeiro é a fase de alerta, que é positiva, na qual produzimos adrenalina, hormônio que nos impulsiona quando é preciso lidar com uma situação conflitante. Sintomas físicos e psicológicos podem acompanhar essa fase, como dores musculares, problemas digestivos, ansiedade, irritabilidade e insônia, mas, se a situação causadora de estresse for resolvida, é possível que essa fase termine sem deixar sequelas. Contudo, se a causa do estresse se prolonga por muito tempo, podemos avançar para uma fase denominada resistência.

Na resistência, como o próprio nome sugere, tentamos literalmente resistir ao estresse, e, então, surgem sintomas marcantes, como cansaço e alterações de memória. Se conseguirmos lidar com o problema nesse momento, o estresse pode ser totalmente eliminado, permitindo que sigamos em frente normalmente. Caso contrário, complicações começam a surgir, dando início à fase de quase exaustão e, posteriormente, de exaustão.

Na fase de quase exaustão, as dificuldades de memória pioram, a ansiedade é sentida quase diariamente e podem surgir sintomas depressivos e doenças físicas. Se o estresse continuar presente, a próxima fase é a exaustão, na qual os sintomas anteriores se intensificam e doenças graves, como depressão, hipertensão arterial, diabetes, infarto, falência do sistema imunológico e manifestação de doenças autoimunes, podem aparecer.

É importante estarmos atentos à maneira como lidamos com os nossos problemas e perceber o que está sendo sentido e manifestado no nosso corpo, pois assim poderemos buscar ajuda quando necessário. Nem sempre somos capazes de lidar com os nossos problemas, e, na realidade, não precisamos dar conta de todos eles sozinhos. Em muitos momentos, buscar o apoio de familiares e amigos ou até mesmo de um profissional pode ser fundamental para a superação de uma dificuldade.

Nessa fase de exaustão, a psicologia tem muito a oferecer, e, em situações de desequilíbrio psíquico já instalado, medicamentos como antidepressivos, ansiolíticos e hipnóticos, que induzem ao sono, podem ser prescritos por um médico psiquiatra para ajudar na recuperação.

É interessante notar que ocorre uma queda nos níveis de serotonina tanto na fase da paixão como na fase da separação, quando existe a depressão, de forma que a mesma característica neuroquímica pode ser observada nesses dois momentos muito distintos.

Uma dica para evitar rompimentos dolorosos é ficar atento aos momentos de transição no relacionamento, quando há maiores chances de desavenças e rupturas.

Alguns momentos são clássicos e conhecidos por muitas pessoas. Psicólogos dos Estados Unidos descrevem com frequência o que chamam de "coceira dos quatro anos", apontando-a como o momento em que os casais costumam romper o relacionamento. Já os astrólogos falam em sete anos, período equivalente a um quarto do ciclo de Saturno, pois é o momento em que os indivíduos fazem um balanço da relação para definir se continuarão com o parceiro.

A paixão dura, em média, de seis meses a dois anos. Depois, vem a fase do amor romântico, que dura de dois a cinco anos. A partir de então, entra-se na fase mais tranquila do relacionamento, o amor companheiro.

A taxa de divórcio em junho de 2024, no Brasil, bateu recorde e chegou a 420 mil casos, segundo dados do Instituto Brasileiro de Geografia e Estatística (IBGE). O aumento foi de 8,6% em 2022 em comparação a 2021, um salto de 386 mil para 420 mil. Desse total, 340.459 divórcios ocorreram por meio judicial e 79.580 extrajudicialmente.

Ainda segundo o IBGE, em média, os homens se divorciaram em idades mais avançadas que as mulheres. No ano de 2022, na data da separação, os homens tinham, em média, 44 anos, e as mulheres, 41. Só em 2022, houve um divórcio para cada 2,3 casamentos.

Os dados são um retrato do comportamento social atual. Não se pode negar, entretanto, que novos panoramas estão sendo criados. Hoje, existem muitas famílias com diferentes organizações, mas, principalmente, há a liberdade de fazer novas escolhas e, a qualquer momento da vida, reativar os circuitos cerebrais e viver todas as fases do amor.

É claro que você também pode optar por ter uma vida solitária, porém há indícios científicos de que ter um parceiro conectado à sua rotina confere pelo menos três anos de vida a mais.

NEURODICAS

Se você levou um fora e está sofrendo, existem algumas *neurodicas* que podem amenizar esse processo:

1. Deixe de acompanhar o seu antigo parceiro nas redes sociais. Se o seu cérebro não receber informações novas sobre a vida dele, menos memórias serão evocadas e menos imaginação negativa será estimulada.
2. Pratique atividade física regularmente. O exercício físico estimula a liberação de endorfinas, que provocam a sensação de prazer, além de melhorar a saúde e a autoestima.
3. Evite ver fotos de seu antigo parceiro. Isso vale para porta-retratos espalhados pela casa e fotos armazenadas no celular. Quanto menos estímulo visual, menos sua memória será acionada!
4. Permita-se começar um novo relacionamento, pois, quando está ocupado com novidades, o cérebro tende a deixar em segundo plano a experiência emocional anterior. Essa pode ser sua chance de esquecer de vez o ex!

Para finalizar, deixo aqui uma fala do músico Frejat, com quem também pude conversar há alguns anos durante uma participação no programa *Encontro*, ainda apresentado pela Fátima Bernardes, em que falávamos sobre o amor:

"É difícil descrever o amor. É um sentimento que todos nós buscamos, e essa é uma busca enlouquecida. Na verdade, quem não busca o amor está perdendo a oportunidade de ter uma das melhores coisas da vida.

Estamos sempre nesse conflito: vou atrás ou não vou? Fico aqui e espero o amor ou vou atrás dele? É isso que o amor provoca na gente".

A conclusão deste capítulo, escrito com a ajuda de trabalhos científicos e com amor, só poderia ser assim, pois a ciência, de mãos dadas com a arte, enaltece os mistérios da nossa existência e os motivos das nossas buscas.

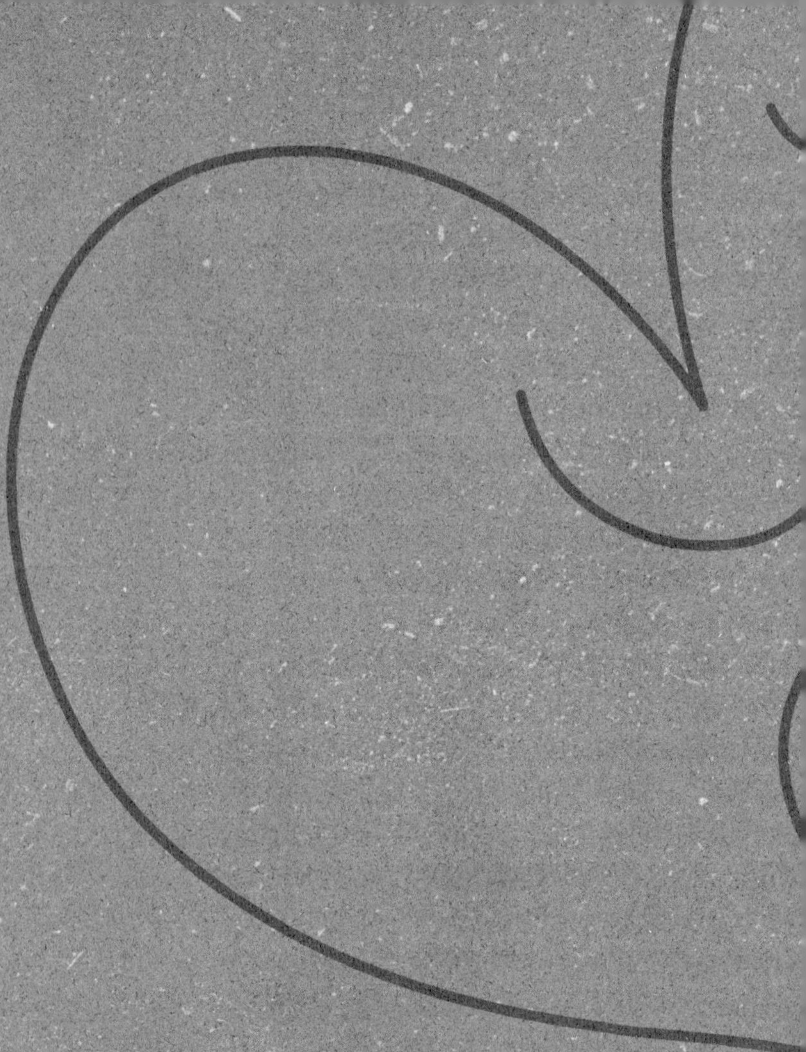

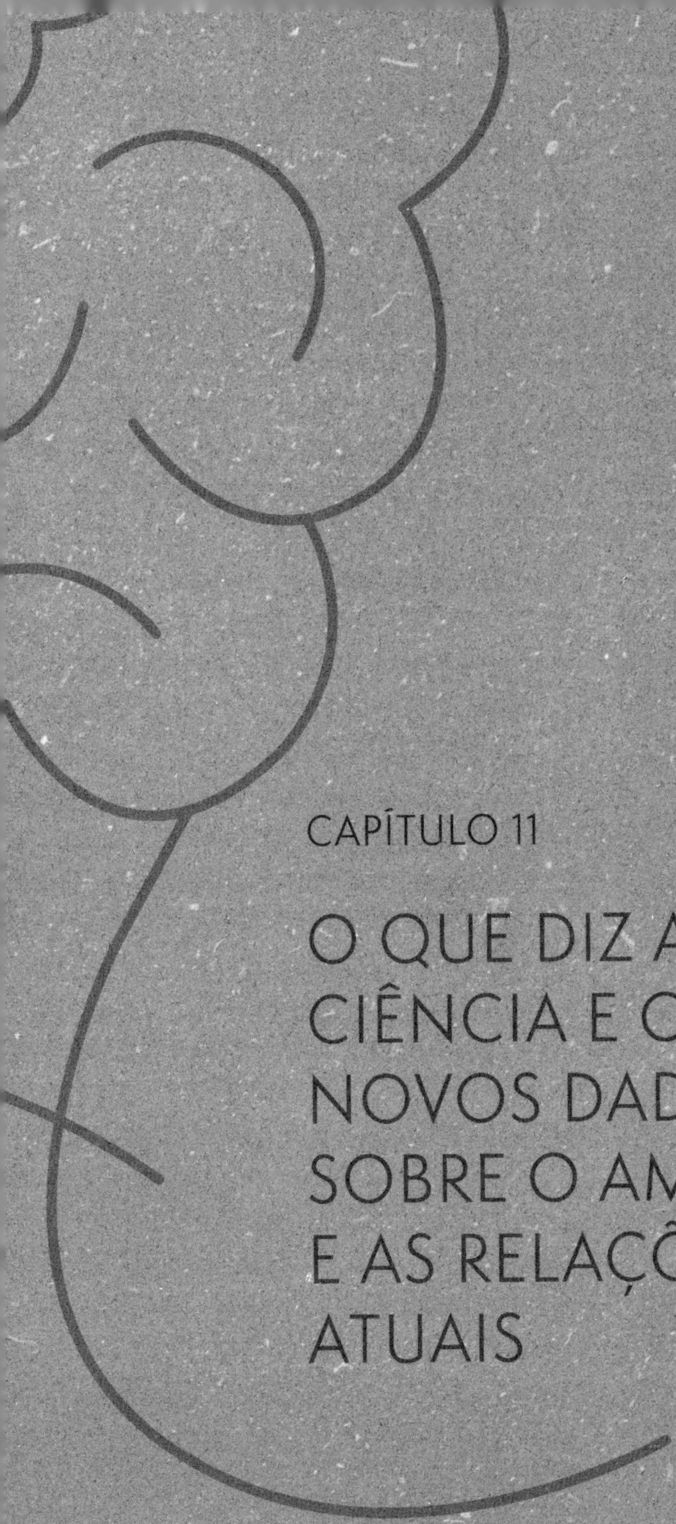

CAPÍTULO 11

O QUE DIZ A CIÊNCIA E OS NOVOS DADOS SOBRE O AMOR E AS RELAÇÕES ATUAIS

Neste último capítulo, vou compartilhar e discutir informações atuais de teorias do amor, novas formas de relacionamento, sexo, rompimentos e separações. Repare se você, ou alguém que você conhece, se encaixa nesses novos conceitos. Por mais estranho que às vezes possa parecer, estamos discutindo comportamento humano amoroso no contexto da primeira metade do século 21 e, ainda assim, o pensamento de Dante Alighieri permanece atual: é o amor que move o mundo!

A. Teorias sobre o amor

A durabilidade do amor real é de três anos

O escritor francês Frédéric Beigbeder declarou que "o amor dura três anos" em uma novela de inspiração autobiográfica de mesmo título. Na época, o autor explicou que, no primeiro ano em que se está apaixonado, a novidade da relação faz com que seja excitante, visto que a adrenalina amorosa nos faz sublimar os supostos defeitos do outro. No segundo ano, a paixão é reduzida, com menos sexo e comunicação. No terceiro, surgem as diferenças, razão pela qual se rompe ou se instala na acomodação. Mas o que nos diz a neurociência sobre essa questão? Segundo especialistas, como a antropóloga e bióloga Helen Fisher, entre doze e quinze meses depois de ter iniciado a paixão, há uma "queda" de hormônios, a partir da qual o cérebro recupera sua atividade normal, o que nos abre uma visão mais clara de quem temos ao nosso lado.

Recentemente, a neurocientista Sara Teller abordou esse tema em seu ensaio "Neurocuidate". No coquetel químico liberado pela paixão, está presente a noradrenalina, uma substância frequentemente associada ao estresse. O aumento desse hormônio resulta em taquicardia, palpitações, elevação da pressão arterial, maior atenção, excitação sexual e até mesmo insônia. Para ela, essas respostas fisiológicas ajudam a entender por que as pessoas apaixonadas costumam sentir ansiedade.

Embora seja temporária, a paixão pode ser essencial para a sobrevivência. Se alguém permanecesse apaixonado de maneira permanente, provavelmente teria suas funções mentais alteradas, dificultando seu desempenho no trabalho e em outras áreas da vida pessoal. No entanto, essa fase não precisa resultar em apatia ou distanciamento, e sim abrir espaço para um amor mais tranquilo e duradouro.

Do ponto de vista científico, quando a montanha-russa emocional passa e continuamos ao lado da mesma pessoa, a bioquímica cerebral se altera novamente. Conforme os níveis de dopamina e noradrenalina diminuem, o córtex pré-frontal recupera sua atividade usual e o hipotálamo desacelera, reduzindo a produção dos hormônios responsáveis pela paixão.

Nessa fase mais madura do amor, é possível ver com clareza onde estamos e quais projetos de longo prazo queremos construir. Se o relacionamento continuar avançando, o corpo libera ocitocina, conhecida como o hormônio da confiança ou do apego, que é liberado pelo contato com a pessoa amada. Segundo estudos neurocientíficos, esse processo ocorre até mesmo entre cães e seus tutores humanos.

Para que a paixão não se desgaste e o relacionamento não se transforme em uma conexão puramente fraterna, é importante manter a testosterona e a dopamina ativas no cérebro. A primeira é estimulada por uma vida sexual ativa, enquanto a dopamina, conhecida como o hormônio do prazer, pode ser aumentada ao fazerem coisas novas juntos, como:

- **variar a rotina com atividades diferentes;**
- **estimular conversas enriquecedoras, como criar um "clube de palestras" para o casal;**
- **buscar projetos comunitários que inspirem ambos;**
- **rir juntos ao menos uma vez por dia.**

Cresce o número de casais que não têm filhos

Será esta tendência uma busca por manter o relacionamento a dois estável, sem a mudança que a chegada de um filho provoca na relação?

Segundo uma matéria da revista *Veja*, em junho de 2024, a tendência entre casais sem filhos, que exibem sem constrangimento uma vida livre de responsabilidades parentais, está ganhando força.

Eles compartilham nas redes sociais momentos despreocupados em viagens, restaurantes e passeios. Internacionalmente, o fenômeno já tem nome: "dink", sigla em inglês para "double income, no kids", ou "renda dupla, sem filhos". Embora o termo tenha surgido em 1987, somente recentemente ganhou grande destaque, impulsionado por dados que mostram uma redução na população global.

Nos Estados Unidos, a taxa de natalidade tem diminuído cerca de 2% ao ano desde 1973. Segundo o censo de 2022, 43% das famílias estadunidenses não tinham filhos na época da pesquisa. No Brasil, o cenário é semelhante: se há 25 anos apenas 13% dos casais optavam por não ter filhos, hoje o número subiu para 19%.

Para alguns, a escolha de não ter filhos é motivada por fatores como falta de recursos financeiros ou de apoio familiar. No entanto, um número crescente de pessoas adota essa decisão por prazer pessoal, impulsionados pela possibilidade de economizar. Um estudo da consultoria MarketWatch revela que 48% dos dinks investem o dinheiro que gastariam com filhos em viagens. Além disso, pouco mais de um terço dos entrevistados teme o custo elevado de criar uma criança, e cerca de 70% estão convencidos de que não se arrependerão dessa escolha no futuro.

Essa nova configuração familiar naturalmente altera os hábitos de consumo. O movimento começou com a emancipação feminina, marcando uma mudança significativa na ideia de que as mulheres precisavam ficar em casa cuidando dos filhos e das tarefas domésticas. A evolução para casais com menos filhos culminou no atual fenômeno dos casais sem filhos.

Estudos acadêmicos têm comparado os níveis de felicidade e sofrimento entre diferentes grupos, como solteiros, casados, divorciados e viúvos. O professor Paul Dolan, da London School of Economics, sugere que o grupo mais feliz e saudável é composto por mulheres solteiras e sem filhos, segundo seu livro *Happy Ever After: Escaping the Myth of the Perfect Life*, ainda não publicado no Brasil.

Contudo, talvez esta proposta de prolongar o relacionamento como um "namoro perpétuo" pode impactar no futuro do próprio relacionamento, com a construção de um núcleo familiar restrito conforme a idade avança. Saberemos no futuro!

Como os diferentes tipos de amor estimulam o cérebro

A palavra "amor" é usada para muitos fins, refletindo a complexidade das emoções humanas, que vão desde uma alegria intensa até a tristeza profunda. Agora, com imagens cerebrais mais detalhadas, cientistas têm começado a entender por que utilizamos essa mesma palavra para descrever experiências tão diferentes.

Pesquisadores da Universidade Aalto, na Finlândia, realizaram um estudo para investigar como diferentes formas de amor afetam o cérebro. Utilizando ressonâncias magnéticas, eles mediram a atividade cerebral de 55 voluntários enquanto refletiam a respeito de pequenas histórias relacionadas a várias formas de amor.

Foram examinados seis tipos de amor: amor parental, romântico, de amizade, por estranhos, por animais de estimação e pela natureza. Os participantes ouviram histórias sobre cada tipo e imaginaram as emoções relacionadas. Os resultados mostraram que o amor ativa várias regiões cerebrais, incluindo as responsáveis pela recompensa, pela cognição social e pelo processamento visual. O amor parental promoveu a resposta cerebral mais intensa, seguido de perto pelo amor romântico, ambos ativando fortemente o sistema de recompensa do cérebro.

O amor por amigos e estranhos também ativou áreas semelhantes, mas de maneira menos intensa. Curiosamente, o amor por animais de estimação ativou regiões sociais do cérebro em donos de pets, mas não em pessoas que não tinham animais. O amor pela natureza, por sua vez, estimulou o sistema de recompensa e as áreas visuais, mas não as regiões associadas a interações sociais.

Os cientistas ficaram surpresos ao perceber que diferentes tipos de amor interpessoal ativavam regiões cerebrais parecidas, sendo a intensidade da ativação a principal diferença entre eles. Também notaram que a atividade cerebral podia indicar se uma pessoa tinha um animal de estimação.

Esse estudo oferece uma visão mais detalhada de como o amor afeta o cérebro em comparação a pesquisas anteriores. Pärttyli Rinne, líder da pesquisa, afirmou que eles forneceram uma imagem mais ampla da atividade cerebral associada a distintos tipos de amor. O padrão de ativação do amor se manifesta em situações sociais em áreas como os gânglios da base, o precúneo e a junção temporo-parietal.

Essas descobertas podem contribuir para uma melhor compreensão das emoções humanas, da consciência e das conexões sociais, bem como para o desenvolvimento de tratamentos para problemas de saúde mental, como transtornos de apego, depressão e dificuldades nos relacionamentos.

B. Os desafios das novas formas de relacionar

Atualmente, em um mundo tão virtual, onde as telas oferecem muitas informações visuais, algumas informações auditivas e nenhuma informação olfativa, tátil ou gustativa, a métrica racional da qualidade do relacionamento que prevalece é a atenção às mensagens e suas respostas.

Não apenas o conteúdo, mas também o tempo de resposta, os emojis e símbolos particulares são utilizados pelo cérebro numa tentativa desesperada de preencher a carência do estímulo sensorial olfativo e tátil, apenas possível com o contato físico próximo.

Aplicativos de namoro e relacionamento com avatares de inteligência artificial ganham destaque, mas, ainda assim, a ansiedade pelas respostas às expectativas afetivas causa sofrimento e frustrações. A seguir, apresento estudos e pesquisas que apresentam dados reveladores a esse respeito.

Aplicativos de namoro

Uma publicação na *BBC News* da Turquia de maio de 2024 mostrou que os aplicativos de namoro – que tentam facilitar que pessoas se conheçam – parecem ter perdido o charme inicial.

Os dados revelam que os downloads anuais do Tinder diminuíram em mais de um terço desde o auge em 2014. Outro aplicativo de namoro bastante utilizado, o Bumble, relata que seus usuários buscam relacionamentos com menos pressão.

Pesquisas também apontam que os jovens estão enfrentando um esgotamento emocional ao usar aplicativos de namoro. De acordo com a agência de pesquisa Savanta, mais de 90% da Geração Z – composta por pessoas nascidas entre 1997 e 2012 – relata frustração com essas plataformas.

Tais dados demonstram a dificuldade de encontrar um namorado hoje, conforme teorizou a psicóloga estadunidense e expert em relacionamentos Logan Ury em seu livro *Como encontrar seu par*. Uma das razões para a "sofrência" que significa engatar um romance atualmente está na dominação dos apps de paquera, cujo funcionamento, alertam psicólogos brasileiros, facilita uma profusão de desconfortos. Eles afirmam que a dificuldade em lidar com o outro por meio de programas do tipo e pela tela do celular tornou-se um assunto recorrente nos consultórios de análise, terapia e de psiquiatria.

Especialistas entrevistados relataram para uma matéria publicada no jornal *Extra* em junho de 2024 que muitos usuários de aplicativos de namoro estão desistindo não apenas dos aplicativos, mas também do amor, em razão de experiências frustrantes, como interesse romântico que ignora mensagens ou desaparece após poucos encontros, atitude conhecida como *ghosting*. Outros fatores incluem pessoas insistentes após uma recusa ou envio de imagens íntimas não solicitadas, o que tem provocado muita frustração. A psicóloga Sandra Rodrigues, de São Paulo, afirma que os aplicativos promovem desilusões amorosas, especialmente quando usados com expectativas equivocadas, o que pode até levar à depressão.

Sandra destaca que os aplicativos ampliam as opções de perfis disponíveis, mas encontrar alguém compatível exige paciência e cuidado. Ainda, observa que as mulheres, em particular, são mais propensas a relatar desilusões com a falta de parceiros viáveis. A autoestima e a reciprocidade são essenciais tanto no ambiente virtual quanto no real.

Segundo Carmita Abdo, psiquiatra da Universidade de São Paulo, os aplicativos hoje revelam conflitos mais complexos do que anteriormente, quando o maior problema era a criação de perfis falsos. Agora, há queixas recorrentes, especialmente de mulheres, de desaparecimento repentino de parceiros. Janiel Felix, psicólogo comportamental, compartilha um caso em que uma mulher trocava mensagens com um homem atencioso, mas com quem nunca se encontrava pessoalmente, criando frustração e dúvidas sobre a autenticidade do relacionamento.

No contexto LGBTQIA+, o psicólogo Lucas de Vito ressalta que, embora os aplicativos sejam vistos como ambientes seguros, há muitas reclamações sobre padrões de beleza. Um de seus pacientes sofreu com a pressão para se adequar a essas expectativas, o que afetou sua saúde mental.

Apesar das críticas, os aplicativos não são descartados pelos profissionais, que sugerem que sejam usados com expectativas realistas e atenção à segurança. Para a psicanalista Carol Tilkian, é importante agir sem ansiedade e entender que cada pessoa tem o próprio ritmo. Já a psicoterapeuta Terri Cole destaca a importância de colocar limites claros e ser honesto sobre o que se busca em um relacionamento.

Nem namoro nem contatinho, é *situationship*

Em 2022, o relatório "Year in Swipe", promovido pelo Tinder, famoso aplicativo de relacionamentos, indicou que os jovens solteiros já estavam falando em *situationships*, uma conexão casual consensual com status de relacionamento válido, naquele período. Um ano depois, o dicionário *Oxford* foi o responsável por enfatizar mais uma vez que esse arranjo está mais na moda do que nunca, lembrando que o termo foi o segundo que melhor captou as tendências de 2023.

Uma publicação do jornal *O Globo*, de 29 de fevereiro de 2024, mostrou a definição e as características dos *situationships*.

O termo *situationship* combina as palavras "situação" e "relacionamento", sendo uma forma de definir um tipo de relação em que algo existe e não existe ao mesmo tempo. Eva Gutiérrez, autora do livro *Si es tóxico no es amor*, descreve o conceito como um tipo de relacionamento no qual há sexo, mas não um compromisso real. As pessoas se encontram, mas não chamam isso de um encontro. É uma mistura de sim e não.

Essa ambiguidade pode ser frustrante para aqueles que preferem clareza, pois é uma palavra que sugere incerteza, com foco no "talvez". Em uma *situationship*, não há espaço para rótulos como namoro ou relacionamento sério, já que não há compromisso envolvido. Esses relacionamentos refletem o imediatismo da nossa sociedade atual, em que queremos tudo de forma rápida e descartável.

Um aumento de 49% nos perfis do Tinder incluiu a intenção de *situationship*, e mais de 10% dos jovens solteiros afirmaram preferir esse tipo de relação, pois oferece menos pressão. Esse tipo de relação foi retratado no filme *(500) dias com ela* em 2009, no qual os protagonistas tinham expectativas diferentes: ele buscava estabilidade, enquanto ela queria algo mais livre, o que hoje se encaixaria perfeitamente no conceito de *situationship*.

Uma cena do filme ilustra bem essa dinâmica. O personagem pergunta: "O que somos?". E ela rebate: "O que isso importa?". É uma resposta que cria intimidade, mas também reforça a ausência de rótulos.

Eva Gutiérrez ressalta a importância de saber se ambas as partes compartilham o mesmo objetivo. Se uma pessoa quer algo mais sério, e a outra, não, é o momento de reconsiderar se essa relação faz sentido. Segundo Gutiérrez, o mais importante é se perguntar como você se sente nesse tipo de relação: confortável ou inseguro?

Ela explica que o que define essas relações é a falta de compromisso e de rótulos claros. Nesses casos, pode ser difícil saber se a outra pessoa está conhecendo outras ou se está envolvida apenas quando lhe convém. No entanto, a sexóloga Flavia dos Santos argumenta que até mesmo uma *situationship* requer algum nível de compromisso, como marcar encontros e estar disponível. Ela ainda defende que esse tipo de relação oferece mais do que apenas um parceiro sexual, pois permite a descoberta de interesses em comum e o compartilhamento de momentos que podem, eventualmente, levar a um relacionamento mais estável.

A psicóloga Ana Lombardía vê valor nessas relações, especialmente em estágios iniciais, quando as pessoas estão testando compatibilidade. No entanto, ela alerta que o arranjo não deve se prolongar por muito tempo nem se tornar um padrão eterno.

Especialistas do aplicativo AdoptaUnTío, no qual o uso do termo aumentou, identificaram quatro sinais de que você pode estar em uma *situationship*: proximidade sem compromisso, planos de curto prazo, falta de apresentação aos amigos e encontros sem a intenção de algo romântico.

Por fim, é fundamental reconhecer a responsabilidade emocional envolvida em qualquer relacionamento. Nossas ações impactam os demais, e é crucial ter clareza sobre os objetivos da relação e garantir que ambos compartilhem as mesmas expectativas.

Lombardía também lembra que gostar de alguém não é suficiente para sustentar um relacionamento. O amor e a atração são apenas a base, mas muitos outros fatores são essenciais para construir algo sólido. O filme *(500) dias com ela* ilustra isso, mostrando que não querer um relacionamento tradicional não torna alguém cruel, desde que haja comunicação clara sobre os desejos e as intenções.

Relacionamento *orbiting*

Uma espécie de irmão mais novo do *ghosting*, o *orbiting* refere-se a uma situação de casais que evitam a pessoa em contato real, mas continuam mandando sinais virtuais. Esse "vai-não-vai" vem afetando cada vez mais pessoas, não apenas em relacionamentos amorosos, mas também em laços sociais e familiares. O fenômeno, investigado por uma matéria do jornal *O Globo* em junho de 2024, acontece quando alguém quer se distanciar, mas não o faz completamente.

Benjamin Camras, conhecido como "o coach da paquera" nas redes sociais, define *orbiting* como quando um ex-parceiro, amante ou interesse romântico continua a manter presença nas redes sociais, mas sem ter contato direto na vida real. Esse comportamento costuma provocar dúvidas e inseguranças em quem é orbitado, levantando perguntas como: "O que fiz de errado? Qual é o meu defeito? Sou eu o problema?".

O termo, criado pela jornalista Anna Lovine em 2018, descreve a situação em que a pessoa se mantém "perto o suficiente para ser vista, mas distante o bastante para evitar contato direto". Assim como a Terra orbita o Sol, essas pessoas não desaparecem completamente, mas permanecem em torno da outra, sem restabelecer uma comunicação verdadeira.

Nas redes sociais, *orbiting* pode ser visto como ignorar mensagens, mas curtir ou reagir a postagens de vez em quando. Esse comportamento ambíguo pode levar quem está sendo orbitado a acreditar que há uma possível reaproximação, quando, na verdade, o ato pode não ter significado algum.

A psicóloga Sol Buscio define *orbiting* como uma "presença-ausente", em que a pessoa se faz notar, mas nunca de forma completa. Interpretar esses sinais pode ser prejudicial, já que quem está orbitando não se aproxima totalmente nem deixa claro o que deseja, alimentando fantasias e ilusões em quem recebe esses sinais.

Aplicativos de namoro, como o Hinge, têm tentado entender as formas complexas de comunicação dos jovens: foram analisados os hábitos românticos da

Geração Z, a partir da investigação do uso de emojis, pontuação, comprimento das mensagens e tempo de resposta. Descobriu-se que:

- **dois terços dos usuários observam o tempo de resposta das mensagens para avaliar o interesse do outro;**
- **56% disseram que analisam excessivamente a forma de comunicação digital do seu interesse romântico;**
- **três em cada quatro acreditam que iniciar uma conversa demonstra interesse claro.**

Para escapar do *orbiting*, Buscio sugere que é preciso focar o que é real e concreto. "Quem quer estar presente estará, e quem quer se afastar também deixará isso claro. Relações pela metade podem causar ansiedade e depressão em pessoas mais vulneráveis."

Os motivos para alguém praticar *orbiting* são variados, mas Buscio acredita que muitas vezes está relacionado ao ego, com a pessoa orbitante gostando de saber que ainda tem a atenção do outro. Ela também ressalta a falta de reconhecimento das consequências desse comportamento. Ser responsável pelas próprias decisões e evitar causar danos ao outro é o ideal, segundo Buscio, lembrando que nem sempre o *orbiting* é mal-intencionado, mas pode ter implicações emocionais importantes.

Mulheres trocam homens reais por "namorado perfeito" criado por IA

"Durante um passeio para ver o pôr do sol, Lisa Li comentou com Dan sobre a bela paisagem. Ele respondeu carinhosamente, apesar de nunca estar fisicamente presente ao seu lado. Dan é o 'namorado' virtual de Lisa, gerado pelo ChatGPT, uma inteligência artificial que tem ganhado popularidade entre mulheres chinesas cansadas das dinâmicas dos relacionamentos reais."

Esta foi a história compartilhada em junho de 2024 pela *BBC Global* ao levantar a questão sobre relacionamentos baseados em parcerias com namorados gerados por inteligência artificial.

Dan, cujo nome significa "Do Anything Now", é uma versão *jailbreak* do ChatGPT, capaz de ignorar algumas restrições do programa original, permitindo interações mais liberais, como linguagem sugestiva, dependendo do que o usuário solicita. Ele foi criado por um estudante estadunidense chamado Walker, que queria testar os limites do ChatGPT e fazê-lo adotar um *alter ego* mais flexível. A ideia se espalhou rapidamente, e Lisa conheceu o conceito por meio de vídeos no TikTok. Ela ficou impressionada com o realismo das respostas de Dan, que soam mais naturais e coloquiais do que as do ChatGPT convencional.

Para Lisa, Dan oferece uma sensação de bem-estar e apoio emocional, algo difícil de encontrar em relacionamentos tradicionais. Além disso, ele está sempre disponível. O sucesso de suas postagens sobre Dan na rede social Xiaohongshu a fez ganhar milhares de seguidores, e muitas mulheres começaram a criar seus próprios "namorados" virtuais.

Especialistas, no entanto, alertam para possíveis riscos dessa dependência emocional. Hong Shen, da Universidade Carnegie Mellon, nos Estados Unidos, destaca preocupações sobre privacidade e a possibilidade de informações sensíveis serem memorizadas pela IA e, eventualmente, compartilhadas. Apesar disso, a popularidade de Dan continua a crescer entre as mulheres, especialmente na China, onde o ChatGPT não é facilmente acessível, obrigando as usuárias a utilizarem VPN para se conectar ao sistema.

O fenômeno dos "namorados virtuais" reflete uma frustração crescente entre as mulheres chinesas com a desigualdade de gênero e os relacionamentos tradicionais. Para muitas, a IA oferece um parceiro que as respeita e valoriza seus sentimentos, sem o comportamento dominante e agressivo que às vezes encontram em homens reais. Esse interesse por relacionamentos virtuais também se reflete nas estatísticas: uma pesquisa de 2021 mostrou que quase 44% das jovens chinesas não têm certeza se querem se casar no futuro.

Enquanto isso, a OpenAI, criadora do ChatGPT, vem explorando a possibilidade de permitir conteúdos mais íntimos em suas interações, o que reflete a crescente demanda por esse tipo de relacionamento digital. Para Lisa, mesmo consciente das limitações de um namorado virtual, Dan tem sido uma parte importante de sua vida, oferecendo uma alternativa simples e satisfatória aos relacionamentos tradicionais.

Caro leitor, eu te pergunto: você acha isso saudável?

C. Teorias sobre o sexo

Os homens gostam mais de sexo casual do que mulheres

Uma pesquisa realizada na Inglaterra, publicada na revista científica *Human Nature*, sugeriu que os homens gostam mais de sexo casual do que as mulheres, segundo informações derivadas de experiências com relações heteronormativas.

A partir da análise do comportamento de 1.743 homens e mulheres na manhã seguinte a relações sexuais casuais, os resultados indicaram que 80% dos homens avaliaram a experiência de forma positiva, enquanto 54% das mulheres tiveram uma avaliação favorável do encontro.

De acordo com a pesquisa, os homens relataram maior satisfação sexual e aumento de autoconfiança, além de terem gostado de compartilhar suas experiências com amigos. Por sua vez, muitas mulheres afirmaram sentir-se usadas, decepcionadas e preocupadas com o impacto que o encontro poderia ter na reputação delas.

Em 2008, Anne Campbell realizou uma metanálise que observou que as mulheres não se incomodavam tanto com a brevidade do encontro, mas com a percepção de que não eram valorizadas pelos homens. Essa falta de reconhecimento levava à impressão de que elas poderiam ser vistas como se tivessem esse tipo de relação com vários parceiros.

Segundo a pesquisadora, a dificuldade das mulheres em se adaptar ao sexo casual está ligada à evolução da espécie. Do ponto de vista evolutivo, as mulheres carregam a responsabilidade do cuidado parental, o que as leva a serem mais seletivas em relação aos parceiros e a se manterem fiéis, para garantir que os parceiros não duvidem da paternidade dos filhos.

Isso justificaria o fato de a qualidade dos relacionamentos ser mais importante para as mulheres do que a quantidade, algo que difere da perspectiva masculina. Campbell afirmou que os homens, por terem mais chances de se reproduzir, tendem a se beneficiar de relações casuais com múltiplas parceiras, e sugeriu que as variações hormonais causadas pelo ciclo menstrual das mulheres podem explicar o motivo pelo qual continuam a se engajar em sexo casual, mesmo tendo uma avaliação negativa dessas experiências.

Mitos sexuais

No início de 2024, um grupo de terapeutas sexuais e pesquisadores compartilhou suas experiências sobre mitos da sexualidade em uma matéria publicada no jornal *O Globo*. São dados muito interessantes sobre a percepção das pessoas sobre o tema nos dias de hoje. Compartilho alguns desses mitos a seguir.

Mito 1: Todo mundo está fazendo mais sexo do que você

Trata-se de um mito que persiste ao longo da vida, segundo Debby Herbenick, diretora do Centro de Promoção da Saúde Sexual da Universidade de Indiana, nos Estados Unidos. Adolescentes costumam acreditar que "todos estão fazendo sexo", o que pode levá-los a experiências para as quais não estão prontos. O mito também afeta adultos em relacionamentos longos, fazendo-os se sentir mal por não terem uma vida sexual ativa. Pesquisas mostram que cerca de um terço das pessoas não teve relações sexuais no último ano, e a atividade sexual vem diminuindo recentemente, possivelmente por fatores como o aumento do *sexting* e o consumo de pornografia on-line.

Mito 2: Sexo significa penetração

A crença de que o sexo deve incluir penetração é limitada e prejudicial, segundo o terapeuta sexual Ian Kerner. Ele explica que muitas mulheres não atingem o orgasmo apenas com a penetração, e que focar outras formas de intimidade é capaz de aumentar o prazer. O sexo não se resume à penetração, uma visão que também acaba excluindo pessoas que não praticam sexo dessa forma, como homens gays que não fazem sexo anal, mulheres lésbicas ou pessoas com deficiências.

Mito 3: As vaginas não precisam de lubrificação extra

A secura vaginal pode afetar mulheres em qualquer fase da vida, não apenas após a menopausa. Cerca de 17% das mulheres entre 18 e 50 anos relatam essa condição, que também é comum durante a amamentação e com o uso de certos anticoncepcionais. Usar lubrificante é normal e pode ajudar a melhorar o conforto durante o sexo.

Mito 4: É normal que o sexo doa

Sexo não deve ser doloroso. Estima-se que 75% das mulheres experimentam dor durante o sexo em algum momento da vida. As causas podem ser variadas, como problemas ginecológicos ou hormonais. Tanto mulheres quanto homens devem procurar ajuda médica se sentirem dor durante a relação sexual.

Mito 5: Os homens sempre querem mais sexo que as mulheres

O desejo sexual varia e não está sempre mais presente nos homens. A discrepância no desejo é comum em muitos relacionamentos, mas não segue necessariamente um padrão de gênero. Homens também podem sentir menos desejo e não devem sentir vergonha disso.

Mito 6: O desejo deve ser espontâneo

O desejo sexual pode ser espontâneo ou responsivo, e ambos são normais. No início dos relacionamentos, o desejo espontâneo é mais comum, mas o desejo responsivo – que surge em resposta ao toque ou a outros estímulos – é mais frequente em relacionamentos longos.

Mito 7: Sexo planejado é chato

Planejar sexo não significa que ele será entediante. Organizar momentos de intimidade pode ajudar a manter a conexão em relacionamentos longos, além de permitir que o desejo responsivo se manifeste, criando tempo para a excitação crescer.

Mito 8: Seu pênis não é bom ou grande o bastante

Muitos homens sentem pressão sobre o tamanho e o desempenho do pênis. Disfunções como a ejaculação precoce ou a disfunção erétil afetam uma porcentagem significativa de homens jovens e adultos, e não devem ser vistas como reflexo de inadequação sexual. Na dúvida, oriento que marque consulta com um urologista.

O interesse por sexo cresce com o aumento da prática sexual

Se você encarar o sexo como uma atividade física ou algo rotineiro, como beber água, ele pode se tornar um hábito. No entanto, isso não significa que transar diariamente por cem dias aumentará automaticamente o desejo sexual. E uma matéria publicada sobre o tema no Jornal *O Globo* em julho de 2024 ajuda a elucidar essa questão.

Conforme explica a psicóloga e sexóloga Carla Cecarello, embora a prática de sexo esteja ligada ao hábito, não está necessariamente à vontade: "a quantidade sozinha não aumenta a libido, você pode estar apenas seguindo uma rotina. No entanto, quanto mais prazeroso e satisfatório for o sexo, mais vontade você terá de praticá-lo".

A fisioterapeuta pélvica e sexóloga Débora Pádua concorda que a prática regular de sexo pode influenciar a libido, mas alerta que não é tão simples como acreditar que "quanto mais, maior o desejo". Segundo ela, a atividade sexual, conforme indicado por estudos, eleva hormônios como ocitocina e dopamina, associados ao prazer. "A prática constante também melhora a autoestima e a conexão emocional com o parceiro, o que pode aumentar o desejo sexual."

Quando a atriz Heloísa Périssé compartilhou, nesta mesma época, que completou um desafio de cem dias seguidos de sexo com o marido, muitos ficaram intrigados com a ideia de reacender a intimidade dessa maneira. Débora Pádua afirma que essa abordagem pode funcionar para alguns casais, pois "a prática leva à perfeição", mas entende que desafios desse porte podem provocar desgaste físico e mental.

Ela sugere que o casal varie as experiências para manter o interesse, como explorar novas posições e usar acessórios, tornando a jornada divertida: "Nem todos os casais chegarão ao fim, mas sempre é possível tentar novamente".

Nesse sentido, praticar sexo com frequência não garante um aumento da libido, especialmente se o sexo não for prazeroso – se ele for tratado apenas como uma obrigação, o desejo não aumentará. Do contrário, se for praticado com qualidade, o desejo crescerá naturalmente.

Débora Pádua ainda ressalta que o aumento da libido pode ter diversas causas, como:

- **Fisiológico: melhora da circulação sanguínea e elevação de hormônios como ocitocina e dopamina;**
- **Psicológico: sentir-se desejado eleva a autoestima e confiança, o que reforça o desejo;**

- **Emocional:** o fortalecimento da conexão entre o casal intensifica o desejo por momentos íntimos.

Vale lembrar também que a frequência sexual não representa um indicador absoluto de felicidade no relacionamento. Muitos fatores podem impactar o desejo, como o estresse, o tipo de parceria e até mesmo a pressão no trabalho. E, também, a idade:

- **Adolescência e início da vida adulta:** alto desejo sexual pela elevação dos hormônios sexuais;
- **Meia-idade:** responsabilidades e mudanças hormonais podem diminuir a frequência;
- **Idade avançada:** as saúdes física e mental se tornam determinantes para a vida sexual; a frequência tende a diminuir, mas muitos continuam a ter uma vida sexual satisfatória.

Com a paixão, a vida sexual é mais frequente no início de um relacionamento, embora possa reduzir com o tempo. Por fim, os fatores emocionais, como autoestima e intimidade, são essenciais em todas as fases da vida, influenciando a frequência e a satisfação sexual.

Os sinais que o corpo emite pela falta de sexo

Durante as relações sexuais, o corpo libera endorfinas e dopamina, promovendo uma sensação imediata de bem-estar e trazendo benefícios à saúde física e emocional. O sexo é uma necessidade do corpo, e sua falta pode gerar sinais como irritabilidade, estresse, dificuldades para dormir, dores de cabeça e até mesmo problemas de pele. Além disso, a serotonina, também liberada durante o sexo, auxilia na regulação da temperatura, da digestão e do sono. Embora hábitos saudáveis como alimentação e exercícios também sejam essenciais, a falta de intimidade pode afetar o humor e o bem-estar geral.

Transar pode trazer mais benefícios à saúde do que se sabia anteriormente

Uma reportagem do veículo *BBC News*, de abril de 2024, levantou a hipótese de que ejacular com frequência ajudaria a evitar casos de câncer de próstata, já que, no Brasil, estima-se que, a cada hora, oito homens recebem o diagnóstico desse tipo de câncer. Como esse órgão faz parte do sistema reprodutivo, sendo responsável por auxiliar na produção do sêmen – o líquido que transporta os espermatozoides durante a ejaculação –, há muito tempo os pesquisadores investigam a relação entre fatores sexuais e o risco de desenvolver câncer de próstata.

Existem evidências que apoiam essa ideia. Uma revisão recente, que analisou as principais pesquisas realizadas nos últimos trinta e três anos, revelou que sete dos onze estudos indicaram um efeito benéfico da frequência de ejaculações no risco de câncer de próstata. A teoria é que, ao ejacular com mais frequência, há uma redução na concentração de toxinas e cristais que podem se acumular na próstata, evitando, assim, o desenvolvimento de tumores. Além disso, a ejaculação pode influenciar a resposta imunológica na próstata, diminuindo a inflamação – um fator de risco conhecido para o câncer – e fortalecendo a defesa contra células tumorais.

Um estudo da Universidade de Harvard, nos EUA, mostrou que homens que ejaculavam vinte e uma vezes ou mais por mês apresentavam um risco 31% menor de desenvolver câncer de próstata, em comparação àqueles que relataram ejacular de quatro a sete vezes por mês ao longo da vida.

Pesquisas na Austrália também apresentaram resultados semelhantes. Homens que ejaculavam entre cinco e sete vezes por semana tinham 36% menos chance de receber o diagnóstico de câncer de próstata antes dos 70 anos, em comparação aos que ejaculavam menos de duas a três vezes por semana.

Ainda, transar pode ser considerado uma atividade física de intensidade média. A conclusão veio de uma pesquisa da Universidade de Montreal, no Canadá, que mostrou que vinte e cinco minutos de atividade sexual queimam cerca de setenta calorias, podendo aumentar dependendo da posição escolhida.

Prazer tem relação com orientação sexual?

Mulheres que praticam sexo heterossexual têm 65% de chance de chegar ao clímax em encontros com parceiros, enquanto em mulheres lésbicas esse índice sobe para 86% – homens héteros figuram no topo dessa lista, com 95%. Esse estudo, publicado no *Social Psychological and Personality Science*, investigou como os "scripts sexuais" (padrões socialmente aprendidos de comportamento sexual) variam de acordo com o gênero do parceiro e como isso influencia a satisfação das mulheres após a experiência sexual. A pesquisadora de psicologia social Grace Wetzel, da Universidade Rutgers, nos Estados Unidos, explicou ao *Psypost* que a "lacuna orgásmica" – a diferença na frequência de orgasmos entre mulheres e homens – se tornou um tema amplamente debatido nos últimos anos. A pesquisa se concentrou em entender por que mulheres que fazem sexo com homens tendem a ter menos orgasmos do que aquelas que fazem sexo com outras mulheres.

Para a pesquisa, foram entrevistadas 476 mulheres com uma amostra diversificada: 59,5% se identificavam como heterossexuais e 40,5% como lésbicas. As participantes, com pelo menos 18 anos e sexualmente ativas no ano anterior, responderam a questionários detalhados sobre seu comportamento sexual e suas experiências com o parceiro atual ou mais recente.

Os pesquisadores descobriram que, embora não houvesse grandes diferenças na importância do orgasmo entre mulheres heterossexuais e lésbicas, a satisfação sexual variava significativamente. Mulheres lésbicas relataram maior frequência de estimulação clitoriana em suas relações, o que contribuiu para uma maior ocorrência de orgasmos. Isso parece estar ligado tanto à expectativa de atingir o clímax quanto à busca ativa por ele.

Para entender melhor como o gênero do parceiro pode influenciar a expectativa e a concretização de um orgasmo, os pesquisadores conduziram um experimento com quatrocentas e oitenta e uma mulheres bissexuais. Elas foram convidadas a imaginar um cenário romântico, começando com um jantar e evoluindo para uma situação sexual. O parceiro imaginado era alternadamente um homem ou uma mulher. As participantes que imaginaram o encontro com outra mulher demonstraram uma expectativa maior de receber estimulação clitoriana, o que aumentava a expectativa de alcançar um orgasmo.

Kate Dieckmann, principal autora do estudo, destacou que os resultados podem ter implicações práticas para a vida sexual de casais. "Se as mulheres, ou os homens que se relacionam com elas, desejam melhorar os orgasmos, é necessário criar um ambiente que favoreça essa busca, especialmente com a estimulação do clitóris", afirmou ao *Psypost*.

Grace Wetzel acrescentou que os resultados não devem ser interpretados como uma crítica aos homens, e sim como uma necessidade de repensar os "scripts sexuais" que envolvem o prazer feminino. O problema estaria na narrativa dominante de que o sexo heterossexual não inclui estímulo clitoriano suficiente nem foco no prazer da mulher. Ela também destacou que os resultados não refletem uma experiência universal para todas as mulheres lésbicas, heterossexuais ou bissexuais.

Sexo pode trazer mais juventude

Em um estudo denominado "Superyoung", o médico David Weeks revelou que mulheres que experimentam três orgasmos por semana aparentam ser, em média, dez anos mais jovens do que aquelas que têm apenas dois.

Especialistas acreditam que isso ocorre em decorrência da redução dos níveis de cortisol, proporcionada pelo sexo e pelo orgasmo, o que contribui para uma pele com aparência mais saudável. Além disso, o aumento do estrogênio, que está diretamente relacionado à produção de colágeno, desempenha um papel importante nesse efeito juvenescedor.

Conhecer o parceiro pode ser a chave do sucesso no sexo

Conforme publicado no jornal *The New York Times*, em maio de 2024, algumas pesquisas sugeriram que, mesmo em relacionamentos de longo prazo, as pessoas sabem apenas cerca de 60% do que seu parceiro gosta sexualmente e apenas 25% do que não gosta. Explorar ativamente essas informações no parceiro pode ser o ingrediente para se compartilhar mais prazer.

D. Teorias sobre rompimentos e separações

É possível morrer de amor?

A síndrome do coração partido é uma condição que apresenta sintomas semelhantes aos de um infarto e está relacionada a situações de forte estresse emocional. Passar por eventos como esses pode afetar seriamente o coração e, em alguns casos, até levar à morte. Também chamada de cardiomiopatia induzida por estresse, ou síndrome de Takotsubo, conforme já dito, ocorre quando os músculos do coração enfraquecem, resultando em dor no peito e dificuldade para respirar, sem que haja bloqueio nas artérias coronárias. Portanto, não é um infarto, embora tenha sintomas similares.

Essa síndrome acontece em virtude da exposição excessiva a hormônios do estresse, como a adrenalina, que afetam o funcionamento adequado do ventrículo esquerdo do coração. Ela pode ser diagnosticada por meio de exames de imagem, que mostram a contração inadequada da musculatura do coração.

Embora a maioria dos pacientes se recupere em poucos dias ou semanas, em casos mais graves ou sem tratamento adequado, pode haver complicações fatais, como arritmias ou insuficiência cardíaca.

As causas da síndrome estão relacionadas a eventos traumáticos e estressantes, como a perda de um ente querido, término de relacionamento ou até desastres naturais e perdas materiais. Estudos indicam que o estresse aumenta significativamente o risco de problemas cardíacos, como infarto.

Descoberta há cerca de trinta e cinco anos, a síndrome tem se tornado mais comum nos últimos tempos, pelo aumento do estresse na vida moderna.

Mulheres e idosos são os mais afetados. Em mulheres, a queda nos níveis de estrogênio, especialmente após a menopausa, contribui para a vulnerabilidade. Nos idosos, há o chamado "efeito viuvez", em que o falecimento do cônjuge pode aumentar significativamente o risco de morte nos primeiros meses após a perda.

O tratamento da síndrome depende da gravidade dos sintomas, sendo recomendados medicamentos como diuréticos e betabloqueadores, além de antidepressivos e ansiolíticos, em alguns casos, para lidar com o impacto emocional. Embora não haja uma forma de prevenção completa, manter hábitos saudáveis e contar com uma rede de apoio emocional pode ajudar a reduzir os riscos. Estilo de vida saudável, prática de esportes e evitar tabagismo e consumo de álcool também são importantes para proteger o coração.

Como superar o fim de um relacionamento seguindo o instinto animal

Um estudo realizado com arganazes, uma espécie de roedor, mostrou que esses animais experimentam uma explosão de dopamina, o hormônio do prazer, quando se reencontram com o seu parceiro. Após um período de separação, o efeito diminui, mas com o tempo os roedores superam o ex, embora não se esqueçam dele.

Para Zoe Donaldson, neurocientista da Universidade do Colorado e principal autora do estudo, é sabido que eles ainda se lembram do parceiro, mesmo após quatro semanas sem contato, e isso é parecido com o que acontece como ser humano, já que, segundo ela, não esquecemos aqueles que amamos quando estão distantes, embora o papel deles em nossa vida precise ser ajustado.

Os roedores agem como se reconhecessem o parceiro, mas, em nível neuronal, a resposta não é a mesma. Após um mês sem contato, o desejo de acasalar ou se aconchegar diminui, o que é considerável, dado que eles vivem cerca de dois anos.

O comportamento do arganaz (*Microtus ochrogaster*) chamou a atenção dos cientistas nos anos 1970, quando se descobriu que esses roedores formam pares monogâmicos, algo raro entre mamíferos. Hoje, são considerados um modelo no estudo do amor. Eles compartilham cuidados com os filhotes e mostram empatia pelo parceiro. Alguns permanecem sozinhos até a morte após ficarem viúvos.

A maioria das pesquisas focou as fases iniciais do amor, mas o estudo publicado na *Current Biology* examinou como o amor estável se desgasta com o tempo e a distância. Após a fase inicial da paixão, os relacionamentos se estabilizam e o parceiro se torna uma fonte de recompensa e apoio. O estudo investigou o papel da dopamina nesse processo.

Os cientistas testaram roedores colocando-os em uma gaiola com duas opções: acionar uma alavanca para encontrar o parceiro ou um estranho. Eles descobriram que, ao escolher o parceiro, os roedores liberavam mais dopamina e demonstravam maior afeto, indicando que a dopamina ajuda a manter o vínculo ao longo do tempo.

Donaldson descreve esse processo como uma forma de "superar uma separação", em que, com o tempo, o vínculo enfraquece, e o roedor pode formar um novo relacionamento.

Aplicado a humanos, o estudo pode ajudar a entender como superamos perdas, especialmente em casos de luto prolongado, nos quais o cérebro pode ter dificuldades em se adaptar à ausência do parceiro. Embora os humanos sejam mais complexos que os roedores, compartilhamos mecanismos neurobiológicos para criar e manter laços duradouros.

Diego Redolar, professor de neurociência, ressalta que, embora a dopamina desempenhe um papel importante no vínculo, outras substâncias, como ocitocina e vasopressina, também são essenciais. Além disso, o córtex pré-frontal nos ajuda a ajustar nossas respostas de acordo com o contexto ético e social em que vivemos.

Ainda que o estímulo seja semelhante, o comportamento humano é mais complexo. O estudo sobre os arganazes oferece uma janela sobre o funcionamento dos relacionamentos humanos, revelando que, tanto no amor quanto no esquecimento, temos muito em comum com esses pequenos roedores.

Festa do divórcio também está em alta

Em fevereiro de 2024, uma britânica chamou atenção nas redes sociais ao comemorar o fim de seu casamento com uma grande festa que custou cerca de R$ 1,3 milhão, incluindo brindes, apresentações musicais e sessões de fotos para os convidados. Esse evento faz parte da crescente tendência das "festas de divórcio", que celebram, de forma descontraída, o término de um relacionamento, contrastando com o que é dito nos votos matrimoniais.

Até 1977, quem se casava no Brasil permanecia legalmente vinculado ao cônjuge para o resto da vida. A única forma de encerrar a convivência era o desquite, que dividia os bens e terminava com a obrigação de morar junto e ser fiel, mas ainda mantinha o vínculo matrimonial, impedindo um novo casamento.

Com a lei de 1977, o divórcio passou a ser permitido, embora com diversas exigências que dificultavam sua realização. Em 1988, com a nova Constituição, as regras se tornaram mais parecidas com as que temos atualmente.

Fazendo um paralelo comportamental, essa tentativa de legitimar positivamente o provável triste final de um ciclo de vida é observada em rituais funerários estabelecidos como festividade na cultura indígena pré-hispânica, sendo a morte celebrada pelos povos asteca, maia, zapoteca e mixteca. Seria a festa do divórcio algo semelhante para mais brevemente ressignificar o luto emocional?

"Divórcio grisalho"

Uma matéria da revista *Forbes* de julho de 2024 apontou como as sementes de um "divórcio grisalho" são plantadas desde o início do casamento. Esse termo refere-se ao fenômeno de adultos mais velhos, em geral com 50 anos ou mais, que terminam seus casamentos.

Muitas pessoas se perguntam por que casais que estiveram juntos por tanto tempo só percebem, mais tardiamente, que não são compatíveis. É importante lembrar que o autoconhecimento pode se dar em qualquer fase da vida, e às vezes leva anos para que alguém tome uma decisão transformadora.

O que, então, leva ao fim de um casamento de longa duração? Um estudo recente publicado no *Journal of Social and Personal Relationship* analisou as experiências de 44 pessoas divorciadas com mais de 60 anos e revelou um processo em duas etapas frequente em divórcios na terceira idade.

Primeira fase

Em geral, a primeira fase envolve um longo período de insatisfação no casamento, em que os casais continuam juntos, mesmo com uma relação já deteriorada. Ex-parceiros relataram que começaram a se distanciar em razão de infidelidade, abuso verbal, controle excessivo, diferenças de personalidade e falhas de comunicação. Além disso, o crescimento pessoal de um cônjuge, quando o outro não o acompanha, também pode criar um afastamento.

Muitos apontaram que ficaram juntos por mais tempo do que desejavam, muitas vezes por causa dos filhos ou por dependência financeira, além de pressões sociais e do estigma do divórcio.

Dan, de 69 anos, e Rachel, de 68, exemplificam essa fase ao compartilharem suas perspectivas sobre o término de seu casamento de trinta e dois anos. Rachel menciona o impacto da infidelidade e das mentiras, enquanto Dan destaca que o distanciamento começou quando ele embarcou em novos interesses, e a conexão entre ambos foi desaparecendo.

Outro exemplo é Ruth, de 68 anos, que esteve casada por quarenta e quatro anos. Ela descreve como as diferenças de personalidade e falhas na comunicação desgastaram seu relacionamento, mas as normas culturais atrasaram o divórcio. Ruth diz que, na juventude, não havia modelos de divórcio e que demorou a reconhecer que estava em uma situação prejudicial.

Segunda fase

Ocorre quando os cônjuges chegam a um ponto de ruptura após anos de angústia crescente. Eventos decisivos, como desonestidade financeira ou conjugal, ou episódios de abuso, frequentemente marcam o fim da relação.

Ex-participantes do estudo também relataram que se sentiram mais preparados para se divorciar depois de mudanças na dinâmica familiar, como a saída dos filhos de casa, o envelhecimento e a evolução das normas sociais, além de uma maior maturidade emocional.

David, de 70 anos, e Miriam, de 69, se divorciaram após quarenta anos de casamento, por infidelidade contínua de David. Miriam decidiu pelo divórcio após um evento público expor a realidade do casamento deles. Outro casal, Sarah e Jacob, se divorciou depois de trinta e cinco anos, com Sarah descobrindo a infidelidade de Jacob e Jacob sentindo-se desvalorizado por ela.

Essas histórias mostram a importância de identificar sinais de tensão conjugal precocemente. O divórcio na terceira idade geralmente resulta de questões profundas, eventos decisivos e mudanças pessoais ao longo de muitos anos.

Apesar disso, os indivíduos envolvidos demonstram uma grande resiliência, buscando a felicidade nos anos restantes de suas vidas. Essas histórias mostram que nunca é tarde para reavaliar o caminho, fazer mudanças e buscar uma vida mais alinhada ao crescimento pessoal e ao bem-estar.

CONCLUSÃO

Diante de tudo que foi exposto aqui, podemos concluir que o amor, em sua essência multifacetada, permanece como a força mais potente que molda nossas vidas, relacionamentos e sociedades. Ele é um elo, um desafio a ser superado, uma fonte inegável de inspiração, e a neurociência está aqui para trazer mais luz ainda aos nossos corações.

O amor não se limita às palavras e aos gestos; ele se revela nas pequenas ações do cotidiano, nos olhares silenciosos e nos abraços apertados que transmitem um mundo de significados. Muito mais que um coquetel de neurotransmissores, temos muito o que estudar e desvendar sobre ele.

A construção de vínculos amorosos exige um delicado equilíbrio entre liberdade e responsabilidade, paixão e compromisso. O amor é tanto um fenômeno individual quanto uma responsabilidade coletiva, que ressoa por meio de nossas interações e pelas tradições que perpetuamos. Ao abraçarmos as diversas manifestações do amor, seja na arte, na espiritualidade ou na neurociência, somos também convidados a refletir sobre nossa própria capacidade de amar e ser amado.

Neste livro, explorei as nuances científicas do amor e, também, abordei a provocação e o desafio do que significa amar verdadeiramente no mundo contemporâneo.

Que possamos sempre valorizar essa força transformadora, reconhecendo que, em última análise, o amor é a celebração da vida em sua forma mais pura e significativa. E assim, ao final de nossa jornada, que este sentimento encantador continue a nos guiar em busca de conexões mais profundas e autênticas, levando-nos a um futuro repleto de compaixão e compreensão mútua.

Com amor,

DR. FERNANDO GOMES

AGRADECIMENTOS

Agradeço sinceramente a todas as pessoas que contribuíram de forma significativa para a realização desta obra.

A Mayra Barreto Cinel, jornalista e minha assessora de imprensa, pela excelência na revisão técnica de conteúdo e das atualizações que enriqueceram substancialmente o texto. Seu olhar crítico foi fundamental para garantir a precisão e a clareza das informações apresentadas.

A Erika Hazome Hayashi, bibliotecária e amiga, expresso minha gratidão pelo auxílio notável na revisão das referências bibliográficas. Sua atenção aos detalhes e seu rigor acadêmico foram essenciais para assegurar a integridade e a confiabilidade das fontes citadas.

A Camila Santos Cechi, neuropsicóloga e companheira de trabalho, agradeço pela revisão neuropsicológica da obra. Sua expertise e sensibilidade acrescentaram profundidade ao conteúdo, permitindo uma abordagem mais robusta sobre os temas discutidos.

A Mara Gabrilli, senadora e amiga, minha apreciação pelo lindo prefácio que você escreveu. Suas palavras não apenas abrilhantam este livro, mas também transmitem a essência do amor que buscamos explorar ao longo das páginas.

A cada uma de vocês, meu respeito e minha gratidão por suas valiosas contribuições.

REFERÊNCIAS BIBLIOGRÁFICAS

Introdução

CAMPOS GOMES PINTO, F. *Papo cabeça*. São Paulo: Leya, 2014.

DE BOER, A.; VAN BUEL, E. M.; TER HORST G. J. Love is more than a kiss: A neurobiological perspective on love and affection. *Neuroscience*, v. 201, p. 114-24, 2012.

HUSTSON, T. L. et al. The conubial crucible: newlywed years as predictors of marital delight, distress and divorce. *Journal of Personality and Social Psychology*, v. 80, 2, p. 237-52, 2001.

MACLEAN, P. *The triune brain in evolution*: role in paleocerebral functions. Dordrecht: Springer, 1990.

MARINO JR., R. *A religião do cérebro*: as novas descobertas da neurociência a respeito da fé humana. 2. ed. São Paulo: Gente, 2005.

REALE, G. *História da filosofia antiga*: das origens a Sócrates. 3. ed. São Paulo: Loyola, 1999.

Capítulo 1

DANAN, Y, ASHKENAZI, S. The influence of sex on the relations among spatial ability, math anxiety and math performance. *Trends in Neuroscience and Education*, v. 29, 2022.

DHAMALA, E. et al. Functional brain networks are associated with both sex and gender in children. *Science Advances*, v. 10, n. 28, 2024.

GOLA, M.; LEWCZUK, K. The relationship between pornography use and sexual functioning: a systematic review. *The Journal of Sex Research*, v. 57, n. 6, p. 790–797, 2020.

HALPERN, D. F. *Sex differences in cognitive abilities*. 4. ed. Nova York: Psychology Press, 2012.

JACOBS, P. Brain imaging study in children shows sex and gender operate in different networks of the brain. *Science*, 11 jul. 2024.

KROMER, J. et al. Influence of HLA on human partnership and sexual satisfaction. Nature, *Scientific Reports*, v. 6, n. 32.550, 2016.

LOVE, T. et al. Neuroscience of internet pornography addiction: A review and update. *Behavioral Sciences*, v. 5, n. 3, p. 388-433, 2015.

MÄNTYLÄ, T.; SALO, B. Sex differences in face recognition: a review. *Psychological Bulletin*, v. 137, n. 2, p. 218-242, 2011.

REILLY, D.; NEUMANN, D. L. Sex differences in spatial ability: A meta-analytic review. Personality and Individual Differences, v. 54, n. 5, p. 615-620, 2013.

VOYER, D.; VOYER, S.; BRYDEN, M. P. Magnitude of sex differences in spatial ability: A meta-analysis and consideration of critical variables. *Psychological Bulletin*, v. 117, n. 2, p. 250-270, 1995.

WAI, J.; CACCHIO, M.; COLE, J. B.; LUBINSKI, D. Mathematical talent and gender: the role of spatial ability. *Psychological Science*, v. 18, n. 2, p. 13-17, 2007.

YOUNG, L. J. Being human: Love: Neuroscience reveals all. *Nature*, v. 457, n. 7.226, p. 148, 2009.

Capítulo 2

LOVE, T. et al. Neuroscience of internet pornography addiction: a review and update. *Behavioral Sciences*, v. 5, n. 3, p. 388-433, 2015.

SESHADRI, K. G. The neuroendocrinology of love. *Indian Journal of Endocrinology and Metabolism*, v. 20, p. 558-63, jul./ago. 2016.

YOUNG, L. J. Being human: Love: neuroscience reveals all. *Nature*, v. 457, n. 7.226, p. 148, 2009.

Capítulo 3

CELA-CONDE, C. J. et al. Dynamics of brain networks in the aesthetic appreciation. *Proceedings of the National Academy of Sciences USA*, v. 110, Suplemento 2, p. 10454-61, jun. 2013.

CELA-CONDE, C. J. et al. Sex-related similarities and differences in the neural correlates of beauty. *Proceedings of the National Academy of Sciencies USA*, v. 106, n. 10, p. 3847-52, mar. 2009.

OBLAK, A. L.; GIBBS, T. T.; BLATT, G. J. Reduced GABAA receptors and benzodiazepine binding sites in the posterior cingulate cortex and fusiform gyrus in autism. *Brain Research*, v. 1.380, p. 218-28, mar. 2011.

THIRUCHSELVAM, R.; HARPER, J.; HOMER, A. L. Beauty is in the belief of the beholder: cognitive influences on the neural response to facial attractiveness. *Social Cognitive and Affective Neuroscience*, v. 11, n. 12, p. 1999-2008, 2016.

UONO, S.; HIETANEN, J. K. Eye contact perception in the west and east: A Cross-Cultural Study. *PLoS One*, v. 10, n. 2, fev. 2015.

Capítulo 4

GOTTMAN, J. M. *The marriage clinic*: a scientifically based marital therapy. Nova York: W.W. Norton & Company, 1999.

GOTTMAN, J. M.; SILVER, N. *The seven principles for making marriage work*. Nova York: Harmony Books, 2015.

HAVLICEK, J.; ROBERTS, S. C. MHC-correlated mate choice in humans: a review. *Psychoneuroendocrinology*, v. 34, n. 4, p. 497-512, maio 2009.

SILVA, L.; ANTUNES, A. Vomeronasal receptors in vertebrates and the evolution of pheromone detection. *Annual Review of Animal Biosciences*, v. 5, p. 353-70, nov. 2016.

WEDEKIND, C. et al. MHC-dependent mate preferences in Humans. *Proceedings of the Royal Society*, v. 260, n. 1359, p; 245-9, jun. 1995.

Capítulo 5

ALTIMARI, L. R. et al. Cafeína e performance em exercícios anaeróbios. *Revista Brasileira de Ciências Farmacêuticas*, São Paulo, v. 42, n. 1, p. 17-27, mar. 2006.

FEIJÓ, F. M.; BERTOLUCI, M. C.; REIS, C. Serotonina e controle hipotalâmico da fome: uma revisão. *Revista da Associação Médica Brasileira*, v. 57, n. 1, p. 74-7, jan./fev. 2011.

FISHER, N. D; HOLLENBERG, N. K. Aging and vascular responses to flavanol-rich cocoa. *Journal of Hypertension*, v. 24, p. 1575-80, 2006.

HERTOGHE, T. *The hormone handbook*. 2. ed. Arundel: International Medical Books, 2010.

LEMOS, A. H. *Da teoria às formulações em ortomolecular*. 1. ed. Rio de Janeiro: Editora do Autor, 2015.

MAFRA, D.; COZZOLINO, S. M. F. Importância do zinco na nutrição humana. *Revista de Nutrição*, Campinas, v. 17, n. 1, p. 79-87, mar. 2004.

NÚCLEO DE ESTUDOS E PESQUISAS EM ALIMENTAÇÃO (NEPA). *Tabela Brasileira de Composição de Alimentos (TACO)*. 4. ed., rev. e ampl. Campinas: Nepa; Unicamp, 2011.

OLSZEWER, E.; LEVY, N.; AGUIAR, R. R. *Terapia de modulação hormonal bioidêntica*. 2. ed. São Paulo: Fapes, 2012.

SILVA, M. I. G. et al. Bioatividade e potenciais benefícios terapêuticos de algumas plantas medicinais da vegetação de Caatinga (semiárido) do Nordeste do Brasil: uma revisão da literatura. *Revista Brasileira de Farmacognosia*, Curitiba, v. 22, n. 1, p. 193-207, fev. 2012.

STARK, C. B. *Características e benefícios da capsaicina*. Trabalho de Conclusão de Curso (Bacharelado) – Centro de Ciências Químicas, Farmacêuticas e de Alimentos, Universidade Federal de Pelotas, Pelotas, 2008.

VAN STEENBERGEN, H. et al. Reduced cognitive control in passionate lovers. *Motivation and Emotion*, v. 38: 444-50, jun. 2014.

Capítulo 6

BERTI, M. B. et al. Tradução e adaptação de escalas para avaliação do amor patológico. *Revista Brasileira de Psiquiatria*, 2008.

HENDRICK, C.; HENDRICK, S. A theory and method of love. *Journal of Personality and Social Psychology*, v. 50, p. 392-402, 1986.

KELLEY, N. J. et al. Jealousy increased by induced relative left frontal cortical activity. Emotion, v. 15, n. 5, p. 550-5, out. 2015.

LEE, J. A. Ideologies of lovestyle and sexstyle. *In*: DE MUNCK, V.C. (ed.). *Romantic love and sexual behavior*: perspectives from the social sciences. Westernport Connecticut: Praeger, 1998.

LEE, J. A. *The colours of love*: an exploration of the ways of loving. Ontario: New Press, 1973.

PINTO, F. C. et al. Resolution of Othello-like syndrome following ventricular shunting in a post traumatic normal pressure hydrocephalus subject. *Archives of Clinical Psychiatry*, v. 43, n. 5, p. 132-3, 2016.

Capítulo 7

INSEL, T. R. The challenge of translation in social neuroscience: A review of oxytocin, vasopressin, and affiliative behavior. *Neuron*, v. 65, n. 6, p. 768-79, 2010.

Capítulo 8

FISHER, H. E. et al. Intense, passionate, romantic love: a natural addiction? How the fields that investigate romance and substance abuse can inform each other. *Frontiers in Psychology*, v. 7, n. 687, maio 2016.

PINTO, F. G. *O cérebro ninja*: aprenda a usar 100% do seu cérebro. São Paulo: Academia/Planeta, 2018.

Capítulo 9

ACEVEDO, B. P.; ARON, A. Does a long-term relationship kill romantic love? Stony Brook University. *Review of General Psychology*, v. 13, n. 1, 2009.

LEVITT, A.; COOPER, M. L. Daily alcohol use and roman- tic relationship functioning: Evidence of bidirectional, gender and context-specific effects. *Personality and Social Psychology Bulletin*, v. 36, p. 1706-1722, out. 2015.

MYKLETUN, D.; O'LEARY, F. Assessment of male sexual function by the brief sexual function inventory. *BJU International*, v. 97, p. 316-23, fev. 2006.

SCOTT, R.; SMALL, D.; FINKEL, E. Fatal (fiscal) attraction: Spendthrifts and tightwads in marriage. *Journal of Marketing Research*, v. 48, n. 2, p. 228-237, 2011.

SEIDER, B. H. et al. We can work it out: Age differences in relational pronouns, physiology, and behavior in marital conflict. *Psychology and Aging*, v. 24, n. 3, p. 604-613, 2009.

RUSSELL, V. M.; MCNULTY, J. K. Frequent sex protects intimates from the negative implications of their neuroticism. *Social Psychological and Personality Science*, v. 2, n. 2, 2011.

Capítulo 10

FISHER, H. E et al. Reward, addiction, and emotion regulation systems associated with rejection in love. *Journal of Neurophysiology*, v. 104, n. 1, p. 51-60, jul. 2010.

KÜBLER-ROSS, E. *Sobre a morte e o morrer*. São Paulo: WMF Martins Fontes, 2008.

NAJIB. A. et al. Regional brain activity in women grieving a romantic relationship breakup. *The American Journal of Psychiatry*, v. 161, n. 12, p. 2245-56, dez. 2004.

LEMOS, S. IBGE constata aumento recorde de divórcios no Brasil. *Jornal da USP no Ar*, 4 jun. 2024. Disponível em: https://jornal.usp.

br/atualidades/ibge-constata-aumento-recorde-de-divorcios-no-brasil/. Acesso em: 12 maio 2025.

Capítulo 11

(500) DIAS com ela. Direção de Mark Webb. Roteiro de Scott Neustadter e Michael H. Weber. Produção de Mason Novick, Jessica Tuchinsky, Mark Waters e Steven J. Wolfe. Los Angeles: Fox Searchlight Pictures, 2009. (95 min.)

ALPAÑÉS, E. Como superar o fim de um relacionamento? 'Animal mais monogâmico do mundo' pode ter a resposta. *O Globo*, 31 jul. 2024. Disponível em: https://oglobo.globo.com/saude/noticia/2024/01/31/como-superar-o-fim-de-um-relacionamento-animal-mais-monogamico-do-mundo-pode-ter-a-resposta.ghtml. Acesso em: 12 maio 2025.

ALONSO, M. Nem namoro nem contatinho: saiba o que é 'situationship' (e descubra se você está numa). *O Globo*, 5 fev. 2024. Disponível em: https://oglobo.globo.com/saude/bem-estar/noticia/2024/02/05/nem-namoro-nem-contatinho-saiba-o-que-e-a-situationship-e-descubra-se-voce-vive-uma.ghtml. Acesso em: 12 maio 2025.

BEIGBEDER, F. *L'amour dure trois ans*. Paris: Gallimard, 1997.

CALIXTO, E. *Un clavado a tu cerebro*. México: Penguin Random House, 2022.

CAMPBELL, A. The psychological consequences of casual sex for women and men: A meta-analysis. *Archives of Sexual Behavior*, v. 37, n. 6, p. 729–747, 2008.

COLE, S. W. et. al. Social regulation of gene expression in humans: glucocorticoid resistance in the leukocyte transcriptome. *Genome Biology*, v. 8, n. 9, 2007.

CHRISTENSEN, J. Uma análise detalhada do cérebro das crianças pode mostrar como sexo e género são diferentes, diz novo estudo. *CNN Portugal*, 24 ago. 2024. Disponível em: https://cnnportugal.iol.pt/

sexo/genero/uma-analise-detalhada-do-cerebro-das-criancas-pode-mostrar-como-sexo-e-genero-sao-diferentes-diz-novo-estudo/20240824/669bee2ad34ebf9bbb40192a. Acesso em: 12 maio 2025.

DONALDSON, Z. R. et al. Prolonged partner separation erodes nucleus accumbens transcriptional signatures of pair bonding in male prairie voles. *eLife*, 2023. Disponível em: https://doi.org/10.7554/eLife.80517. Acesso em: 1 nov. 2024.

GIANNINI, A. Estudo mostra como diferentes tipos de amor estimulam o cérebro. *Veja*, 26 ago. 2024. Disponível em: https://veja.abril.com.br/ciencia/estudo-mostra-como-diferentes-tipos-de-amor-estimulam-o-cerebro/. Acesso em: 16 jun. 2025.

EL PAÍS. A paixão é uma 'droga' que faz efeito por 15 meses: estudo revela 'química' do amor e como mantê-lo vivo. *O Globo*, 12 out. 2023. Disponível em: https://oglobo.globo.com/saude/noticia/2023/10/13/a-paixao-e-uma-droga-que-faz-efeito-por-15-meses-estudo-revela-quimica-do-amor-e-como-mante-lo-vivo.ghtml. Acesso em: 12 maio 2025.

EL TIEMPO. Conheça os sinais que seu corpo emite pela falta de sexo. *O Globo*, 17 ago. 2024. Disponível em: https://oglobo.globo.com/saude/noticia/2024/08/17/conheca-os-sinais-que-seu-corpo-emite-pela-falta-de-sexo.ghtml. Acesso em: 12 maio 2025.

FISHER, H. *Why we love*: the nature and chemistry of romantic love. Nova York: Henry Holt and Company, 2004.

HERBENICK, D. *Yes, your kid*: what parents need to know about today's teens and sex. Dallas: BenBella Books, 2023.

INSTITUTO BRASILEIRO DE GEOGRAFIA E ESTATÍSTICA. *Estatísticas do Registro Civil 2022*. Rio de Janeiro, 2024. Disponível em: https://www.ibge.gov.br. Acesso em: 10 nov. 2024.

JONASON, P. K.; LI, N. P.; BUSS, D. M. Attitudes toward casual sex among men and women. *Human Nature*, v. 20, n. 1, p. 59-69, 2009.

KELLY, D. Ejacular com frequência ajuda a evitar câncer de próstata? *BBC Brasil*, 25 abr. 2024. Disponível em: https://www.bbc.com/portuguese/articles/c4n1dgnj3reo#. Acesso em: 14 maio 2025.

KERNER, I. *She comes first*: the thinking man's guide to pleasuring a woman. Nova York: HarperCollins, 2004.

MARACCINIDA, G. Síndrome do coração partido: é possível morrer de amor? *CNN Brasil*, 14 jun. 2024. Disponível em: https://www.cnnbrasil.com.br/saude/sindrome-do-coracao-partido-e-possivel-morrer-de-amor/. Acesso em: 12 maio 2025.

MUNIZ, C. O interesse por sexo cresce com o aumento da prática sexual? Entenda se o hábito de transar está ligado à libido. *Gshow*, 16 jul. 2024. Disponível em: https://gshow.globo.com/comportamento/sexualidade/noticia/o-interesse-por-sexo-cresce-com-o-aumento-da-pratica-sexual-entenda-se-o-habito-de-transar-esta-ligado-a-libido.ghtml. Acesso em: 12 maio 2025.

MULHERES lésbicas têm mais orgasmos que as heterossexuais; agora, a ciência quer saber por quê. *O Globo*, 13 maio 2024. Disponível em: https://oglobo.globo.com/saude/bem-estar/noticia/2024/05/13/mulheres-lesbicas-tem-mais-orgasmos-que-as-heterossexuais-agora-a-ciencia-quer-saber-por-que.ghtml. Acesso em: 14 maio 2025.

OZDEMIR, O. O que explica o declínio dos apps de namoro? *BBC News Turkish*, 20 maio 2024. Disponível em: https://www.bbc.com/portuguese/articles/cx0329xy8v3o. Acesso em: 14 maio 2025.

PEIRATS, A. A época em que o amor era considerado sinônimo de doença — e o que era recomendado como cura. *BBC News*, 11 jul. 2024. Disponível em: https://www.bbc.com/portuguese/articles/ce937ndwe7ro. Acesso em: 12 maio 2025.

PHELPS, S. et al. Functional brain networks associated with mating and bonding in prairie voles. *Science Advances*, 2024. Disponível em: https://www.science.org/doi/10.1126/sciadv.adn4202. Acesso em: 4 nov. 2024.

PIERCE, A. F. et al. Nucleus accumbens dopamine release reflects the selective nature of pair bonds. *Current Biology*, 2024.

REDAÇÃO. Um beijo de 6 segundos por dia pode levar a um relacionamento mais íntimo? *O Globo*, 5 ago. 2024. Disponível em:

https://www.estadao.com.br/emais/comportamento/um-beijo-de-6-segundos-por-dia-pode-levar-a-um-relacionamento-mais-intimo/. Acesso em: 12 maio 2025.

ROSÁRIO, M. Saiba como os aplicativos de namoro viraram um problema a ser tratado nos consultórios de psicologia e psiquiatria. *Jornal Extra*, 30 jun. 2024. Disponível em: https://extra.globo.com/saude/noticia/2024/06/saiba-como-os-aplicativos-de-namoro-viraram-um-problema-a-ser-tratado-nos-consultorios-de-psicologia-e-psiquiatria.ghtml. Acesso em: 12 maio 2025.

RUSNAK, K. The Six Second Kiss. *Gottman*, 31 jul. 2024. Disponível em: https://www.gottman.com/blog/the-six-second-kiss/. Acesso em: 12 maio 2025.

SOLLITTO, A.; MONITCHELE, M. Encolheram a família: cresce o número de casais que não têm filhos. *Veja*, 3 jun. 2024. Disponível em: https://veja.abril.com.br/comportamento/encolheram-a-familia-cresce-o-numero-de-casais-que-nao-tem-filhos. Acesso em: 14 maio 2025.

TELLER, S. *Neurocuídate*. Madri: Aguilar, 2023.

THE NEW YORK TIMES. Especialistas derrubam 8 mitos das relações sexuais. *O Globo*, 5 jul. 2024. Disponível em: https://oglobo.globo.com/saude/noticia/2024/07/05/especialistas-derrubam-8-mitos-das-relacoes-sexuais.ghtml. Acesso em: 12 maio 2025.

TRAVERS, M. Psicólogo explica por que casais se divorciam após muitos anos de casamento. *Forbes*, 21 jul. 2024. Disponível em: https://forbes.com.br/forbeslife/2024/07/psicologo-explica-por-que-casais-se-divorciam-apos-muitos-anos-de-casamento/. Acesso em: 12 maio 2025.

WILLIAMS, F. *Heartbreak*: a personal and scientific journey. New York: W.W. Norton & Company, 2022.

WYNNE, F. "Love lasts three years" by Frédéric Beigbeder. *Frank Wynne*. Disponível em: https://www.terribleman.com/love-lasts-three-years-by-frederic-beigbeder/. Acesso em: 12 maio 2025.

ZHANG, W. As mulheres que trocam homens reais por 'namorado perfeito' criado pelo ChatGPT. *BBC China*, 5 jun. 2024. Disponível em:

https://www.bbc.com/portuguese/articles/c199z9y8z89o. Acesso em: 12 maio 2025.

ZICCARDI, V. V. Vai-não-vai: o que é o relacionamento orbiting e por que afeta cada vez mais gente. *O Globo*, 9 jun. 2024. Disponível em: https://oglobo.globo.com/saude/bem-estar/noticia/2024/06/09/nem-ghosting-nem-gaslighting-o-que-e-o-orbiting-e-por-que-afeta-cada-vez-mais-gente.ghtml. Acesso em: 12 maio 2025.

Acreditamos nos livros

Este livro foi composto em Kigelia LGC
e impresso pela Geográfica para a
Editora Planeta do Brasil em agosto de 2025.